宏观经济学教程
习题解析

（第二版）

耿　强　沈坤荣　主编

南京大学出版社

图书在版编目(CIP)数据

宏观经济学教程习题解析 / 耿强,沈坤荣主编.
—2 版.—南京:南京大学出版社,2013.5(2021.7 重印)
(商学院文库)
ISBN 978 - 7 - 305 - 11353 - 6

Ⅰ.①宏… Ⅱ.①耿… ②沈… Ⅲ.①宏观经济
学－高等学校－解题 Ⅳ.①F015 - 44

中国版本图书馆 CIP 数据核字(2013)第 079951 号

出版发行　南京大学出版社
社　　址　南京市汉口路 22 号　　　　邮　编 210093
出 版 人　金鑫荣

丛 书 名　商学院文库
书　　名　**宏观经济学教程习题解析**
主　　编　耿　强　沈坤荣
责任编辑　府剑萍　黄亚宁　赵春阳　　编辑热线 025 - 83592315
照　　排　南京开卷文化传媒有限公司
印　　刷　江苏凤凰通达印刷有限公司
开　　本　787×960　1/16　印张 13.75　字数 190 千
版　　次　2013 年 5 月第 2 版　2021 年 7 月第 6 次印刷
ISBN 978 - 7 - 305 - 11353 - 6
定　　价　35.00 元

网　　址:http://www.njupco.com
官方微博:http://weibo.com/njupco
官方微信:njupress
销售咨询:(025)83594756

编写说明

　　宏观经济学是高等院校财经类专业的一门必修课程。根据该课程教学的需要和学生学习的要求,专门编写了《宏观经济学教程习题解析》。本书是与沈坤荣、耿强、付文林主编的《宏观经济学教程》(第二版)配套的教学参考书。教材主要以讲解知识为重,不能兼顾更多的知识要点,而要学习好一门课程,必须勤于思考并重视练习。对于宏观经济学来说,可以通过对各类习题的练习,拓展理论深度和广度,并逐渐培养独立思考、灵活运用知识的能力。因此,编者特别量身定制了这本习题册。

　　对应教材的十二个章节,《宏观经济学教程习题解析》(第二版)简要介绍了每章学习要点,配备了与每章内容相应的名词解释、不定项选择题、判断题、简答题、计算题、论述题、分析题、案例分析题,并配有相应答案。主要是为了帮助读者深刻理解宏观经济学的理论和方法,全面、准确地理解教材的内容,更扎实地掌握宏观经济学知识。

　　本书在编写过程中,参考了国内外大量最新的教材和教学参考资料,并基于多年的教学经验和读者反馈,针对性强、适用面广、重难点突出、内容涵盖较全,相信能对读者领会知识、准备考试、掌握宏观经济学思考方法、提高对宏观经济学的认识和领悟有所裨益。由于编者水平和能力的限制,书中难免出现疏漏或不当之处,敬请广大读者批评指正,并提出宝贵意见。

本书不仅适用于高等院校财经类本科生、研究生及广大读者学习和参加各种考试必备的学习参考书,还可作为授课教师命题的重要资料。

编　者
2013 年 5 月于南京大学

目　录

第八章 维持稳定的宏观经济政策

第九章 经济增长及其核算

第十章 新增长理论概述

第十一章　开放背景下的宏观经济学

第十二章　中国经济转型的演进与展望

第一章 基本概念与理论铺垫

学习要点

1. 理解经济学是关于选择的科学,掌握选择问题产生的原因,理解机会成本的概念。
2. 理解关于生产选择的三个基本问题,了解不同经济体制对这三个基本问题的影响。
3. 了解局部均衡分析与一般均衡分析,了解产品市场与要素市场的相互联系,理解价格粘性的含义。
4. 了解经济学理论发展的简史,掌握宏观经济学诞生的历史背景。
5. 掌握流量与存量的定义,掌握外生变量与内生变量的区别,掌握规范分析与实证分析的区别。

名词解释

1. 经济学
2. 机会成本
3. 需求量
4. 市场需求
5. 超额需求
6. 一般均衡理论
7. 充分就业

8. 宏观经济学

简答题

1. 什么是市场经济？

2. 影响个人需求的因素有哪些？

3. 影响个体供给的因素有哪些？

4. 为什么宏观经济学需要建立模型进行分析？

5. 用供求模型解释冻酸奶的价格下降会如何影响冰淇淋的价格和销售量。请在你的解释中确定外生变量和内生变量。

6. 完整地画出一条具有递增的机会成本的生产可能性边界。标出坐标轴、生产可能性边界、可获得的点、不可获得的点以及存在失业的点。说明你画的生产可能性边界具有递增的机会成本。同样也画出一个具有不变的机会成本的图形。并说明若其中一部门或两部门的生产技术进步了，生产可能性边界如何变化。

7. 画一幅供给曲线和需求曲线图。标明均衡点、均衡价格和均衡数量。在图中标明，并用语言陈述为什么当价格高于均衡价格时，它会在市场力量的作用下下降。说明价格低于均衡价格的情形。

8. 解释宏观经济学和微观经济学的差别以及这两个领域是如何相互关联的。

计算题

1. 这个夏天为了挣到更多的钱，菜农种植了西红柿，然后在菜市场上以每磅 3 元的价格出售。通过使用复合肥料，菜农的产出增量如下表所示。如果每磅复合肥料的成本是 5 元，并且菜农的目标是赚尽可能多的钱，那么菜农会使用多少磅复合肥料？

复合肥料(磅)	西红柿(磅)
0	100
1	120
2	125
3	128
4	130
5	131
6	131.5

2. 一天,有个年轻人来到王老板的店里买了一件礼物。这件礼物成本价是 18 元,标价是 21 元。这个年轻人掏出一张 100 元要买这件礼物。王老板当时没有零钱,用那张 100 元向街坊换了 100 元的零钱,找给年轻人 79 元。但是街坊后来发现那张 100 元是假钞,王老板无奈还了街坊 100 元。王老板在这次交易中到底损失了多少钱?

3. 根据下图计算当张明打网球的时间像下图那样增加时,他打 1 小时网球的机会成本。
   (1) 每周 4 小时增加到 6 小时。
   (2) 每周 6 小时增加到 8 小时。

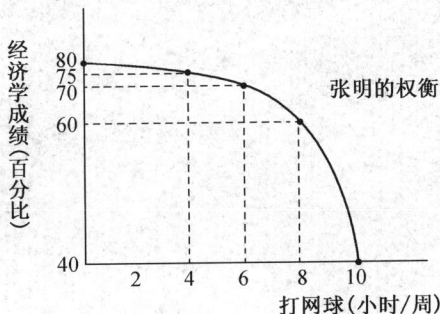

4. 一个经济由甲、乙、丙三个人组成。每个人每天工作 10 小时,

并可以提供两种服务:割草和洗汽车。在 1 小时内,甲可以割 1 块草地或洗 1 辆汽车,乙可以割 1 块草地或洗 2 辆汽车,而丙可以割 2 块草地或洗 1 辆汽车。

(1) 计算在以下情况时,每种服务每天提供的工作总量:

    A　三个人把他们所有的时间都用于割草。

    B　三个人把他们所有的时间都用于洗汽车。

    C　三个人都分别把一半的时间用于两种活动。

    D　甲分别把一半时间用于两种活动,而乙只洗汽车,丙只割草。

(2) 画出这个经济的生产可能性边界。用(1)题的结论确定 A、B、C 和 D 点。

(3) 解释为什么生产可能性边界的形状是这样的。

(4) 有哪一种配置是无效率的吗? 为什么?

论述题

1. 有的人认为时间就是金钱,有的人认为时间就是知识,有的人认为时间就是生命……同样都针对时间,为什么人们的看法会有如此大的差别? 请从经济学角度出发,阐述时间的价值。

2. 从供求角度阐述我国 2008～2009 年大中城市房价出现下跌的原因。

参考答案

名词解释

1. 是关于选择的科学,它研究我们社会中的个人、厂商、政府和其他组织如何进行选择,以及这些选择如何影响社会资源的配置。

2. 在面临多方案选择时,被舍弃的选项中可能创造的最高效益,被称为所选择活动的机会成本。

3. 一定价格下消费者愿意(并且有能力支付)的购买量被称为意愿需求量,简称需求量。

4. 是大量个人需求的总和,它由个人需求的加总所形成。

5. 在市场中,意愿需求超过了意愿供给,这时候需求量多于供给量的部分,被称为超额需求。

6. 它研究的是经济体系中无数个相互联系着的市场,通过市场机制的自发调节作用,让所有这些市场同时达到均衡(同时出清)。

7. 经济中意愿劳动供给全部被意愿劳动需求所吸纳,不存在非意愿失业的情况。

8. 宏观经济学从宏观角度直接切入来研究经济问题,用一系列反映经济运行情况的整体变量,建立模型来理解经济运行变量背后的原因,其目的是为了形成宏观经济政策建议,以促进整体经济能够更加健康地运行。

简答题

1. 答:

　　在市场经济中,资源配置的过程并不是由中央计划者通过制定各种计划进行的,而是众多的家庭和企业分散决策的结果。市场经济的特征在于微观单位相互竞争的分散决策。经济学认为,每个人都是其自身利益最大化的追求者,在分散决策的过程中,各人都以其自身利益最大化作为行动的目标。而对于这种追求自身利益最大化的分散决策,市场经济有一个起着"协调器"功能的东西,那就是价格。

2. 答:

(1) 价格。对于正常商品来说,价格越高,需求量越小。

(2) 对商品的偏好。偏好的改变会增加或减少商品的需求。

(3) 消费者的收入水平。对正常商品,收入水平的增加会增加对商品的需求;对于劣等品,反之。

(4) 其他商品的价格。苹果的替代品橙子的价格上涨,可能会使苹果的需求上升;汽油价格的下降,可能会增加汽车的需求。

(5) 预期。对下一期商品价格的上涨,会增加本期商品的需求。

3. 答:

(1) 价格。对于一般商品来说,价格越高,供给量越大。

(2) 生产要素的价格。生产要素价格上涨,会导致生产成本的上升,从而减少供给。

(3) 生产技术。生产技术的进步,会导致生产成本下降,供给增加。

(4) 其他行业的可赢利性。若其他行业的可赢利性增加,则相比而言,该行业可赢利性减少,从而导致该行业商品供给减少。

(5) 预期。预期商品价格会上升时,厂商会减少当期商品的供给。

4. 答:

经济模型是用来描述有关经济变量之间相互关系的理论结构。经济模型是现代西方经济理论的一种主要分析方法。

经济学家建立模型的原因主要有:① 经济模型可以简洁、

直接地描述所要研究的经济对象的各种关系。这样,经济学家可以依赖模型对特定经济问题进行研究。② 由于实际经济不可控,而模型是可控的,经济学家可以根据研究需要,合理、科学地调整模型来研究各种经济情况。③ 经济模型一般是数学模型,而数学是全世界通用的科学语言,使用规范标准的经济模型有利于经济学家正确表达自己的研究意图,便于学术交流。

5. 答:

可以通过拓展冰淇淋的供求模型来解释。基本的供求模型假设冰淇淋需求取决于冰淇淋价格 P_1 和消费者收入 Y。现在考虑冻酸奶的价格下降的影响。冰淇淋需求取决于冰淇淋价格 P_1,冻酸奶价格 P_2 和消费者收入 Y。由于冻酸奶和冰淇淋是替代商品,一种商品价格上升,将导致该种商品销售量下降,而替代品的销售量上升。因此,如果冻酸奶价格下降,将导致冻酸奶的销售量上升,而冰淇淋的销售量下降,冰淇淋的价格下降。

在这个例子中,冻酸奶的价格和消费者的收入属于外生变量,而冰淇淋的价格和销售量则属于内生变量。

6. 答:

递增机会成本生产可能性边界图。如图 a 所示,M 为不可获得的点,N、L 为可获得的点,L 为存在失业的点。A 产品产量从 17 个单位增加至 24 个单位,产出增加 7 个单位,而相应 B 产品产量减少 4 个单位(28－24),即在此时,多生产 7 个单位 A 产品的机会成本为 4 个单位 B 产品;而当 A 产品在产量 24 个单位的情况下,若要多生产 7 个单位 A 产品,则 B 产品产量将减少 7 个单位(24－17),即多生产 7 个单位 A 产品的机会成本为 7 个单位 B 产品。由此可知,机会成本递增。

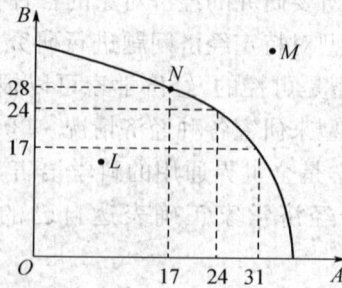

图 a

图 b 为机会成本不变的生产可能性边界图。其生产可能性边界为直线。

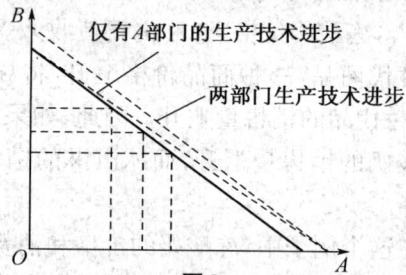

图 b

图 c 所示为生产技术进步条件下的生产可能性边界图。

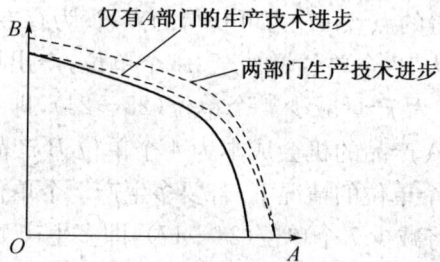

图 c

7. 答：

下图为供给曲线和需求曲线图。如图所示,均衡点为 E 点,均衡价格为 P^*,均衡数量为 Q^*。当价格 P_1 高于均衡价格 P^* 时,其供给量 Q'_1 大于需求量 Q_1,因此,价格会趋于下降,直到达到均衡价格为止;当价格 P_2 低于均衡价格 P^* 时,其供给量 Q'_2 小于需求量 Q_2,因此价格会上升,直到上升到均衡价格时,达到供求均衡。

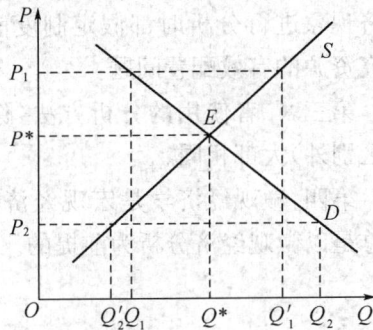

8. 答:

(1) 差别。

第一,研究对象不同。微观经济学研究单个经济决策单位(消费者、厂商等)的经济行为,它考察的是单个商品市场上的价格和供求是如何变动的,单个消费者的消费受哪些因素的制约,单个生产者的成本、价格、产量是如何决定的,收入如何在各资源所有者之间进行分配等。概括地说,微观经济学是研究消费者如何消费才能获得效用最大化,研究厂商如何生产才能获得利润最大化。宏观经济学研究整个国民经济活动,它分析的是诸如一国国民生产总值和国民收入变动及其与社会就业、经济周期波动、通货膨胀、经济增长之间的关系等问题。

第二,研究方法不同。微观经济学运用个量分析方法研究微观经济活动。宏观经济学运用总量分析方法研究整个国民经济活动。

（2）联系。

第一，微观经济学与宏观经济学分析是互相补充的。微观经济学与宏观经济学可以同时对某一经济现象从不同的角度进行考察，而这些考察是相互联系和相互补充的。二者共同构成西方经济学。

第二，无论是微观经济学还是宏观经济学，在对某一经济现象进行分析时都假定制度前提是既定的。二者都研究资源的有效配置问题。

第三，二者使用的分析方法（除个量分析和总量分析的区别外）大都相同。

第四，微观经济学是宏观经济学的基础，宏观经济分析总是以微观经济分析为前提的。

计算题

1. 解：

利润函数为 $R=$ 西红柿数量$\times 3$（元）$-$
复合肥料使用数量$\times 5$（元）

复合肥料（磅）	西红柿（磅）	利润
0	100	300
1	120	355
2	125	365
3	128	369
4	130	370
5	131	368
6	131.5	364.5

使用 4 磅复合肥料时利润最高，所以菜农会使用 4 磅复合肥料。

2. 解：

从会计学的角度,王老板损失的是找给年轻人的 79 元以及礼物的成本 18 元,一共 97 元。还给街坊的 100 元只是迷惑条件,实质上仍相当于王老板使用自己的 100 元。

从经济学的角度,这件礼物本可以卖给不使用假钞的"正常顾客",获得 3 元的利润,这也是将该礼物以成本价格计算收入的机会成本,因此总成本应该是 97 元加上机会成本 3 元,一共是 100 元。

3. 解:
   (1) 当张明每周打网球时间从 4 小时增加到 6 小时时,其机会成本是张明减少的经济学成绩,也就是 75－70＝5(百分比)。

   (2) 当张明每周打网球时间从 6 小时增加到 8 小时时,其机会成本是张明减少的经济学成绩,也就是 70－60＝10(百分比)。

4. 解:
   (1) A　40 块草地,0 辆汽车。
   　　B　0 块草地,40 辆汽车。
   　　C　20 块草地,20 辆汽车。
   　　D　25 块草地,25 辆汽车。

   (2) 画图

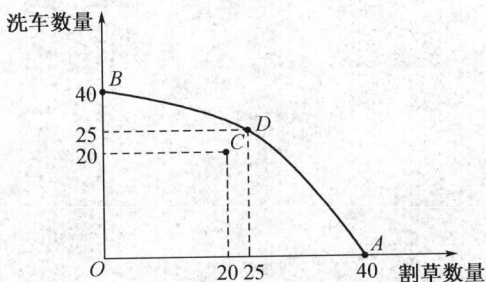

   (3) 在 1 小时内,甲在割草和洗车这两项工作上的效率是一样

的,而乙洗车效率更高,丙割草效率更高。在 D 点分配的效率是最高的,即此时的边际替代率为 1,而 BD 段洗车与割草的边际替代率小于 1,而 DA 段洗车与割草的边际替代率大于 1。

(4) C 的配置是无效率的,只需通过简单的时间再分配,这三个人就可以洗更多的车和割更多的草,也即产出会更多。

论述题

1. 答:

略。

2. 答:

2006 年和 2007 年是房价飙涨的 2 年,而居民的收入增长幅度低于房价的增长幅度。这样使得很多居民无力购房。到了 2008 年,市场上房子的供应量就远大于居民对房子的需求量,房子的成交量大幅减少。在成交低迷的市场下,开发商销售回笼资金不畅,再加上 2008 年银行整体信贷趋紧,因此面临较大的资金压力,降价促销成为大部分开发商的必然选择。所以房价出现了下跌。

第二章 宏观经济分析概述

学习要点

1. 掌握宏观经济学的研究对象,熟练掌握 GDP、GNP 的概念与含义。
2. 掌握衡量一般价格水平的相关指标,理解隐性失业的含义。
3. 理解宏观经济学研究的三大主题。
4. 理解奥肯定律的内容,并应用奥肯定律进行失业与经济增长的关系分析。
5. 掌握 GDP 的核算方法,了解衡量产出的一系列指标。

名词解释

1. GDP
2. GNP
3. CPI
4. 失业率
5. 通货膨胀
6. 奥肯定律

简答题

1. GDP 在衡量一国最终产品与服务的市场价值时存在哪些不足?

2. 名义 GDP、实际 GDP 与潜在 GDP 这三个概念之间有哪些区别?

3. 宏观经济学的三大主要目标是什么? 宏观经济学对产出增长的探讨有什么特点?

4. 本章介绍了三种一般价格水平的衡量指标,分别是消费者价格指数(CPI)、生产者价格指数(PPI)、GDP 平减指数,它们的区别是什么?

5. 下列每种交易应该归入 GDP 的四个支出项目中的哪一项(如果有影响的话)?

(1) 联想集团向北京市政府出售 1 台笔记本电脑。

(2) 联想集团向国内消费者小王出售 1 台笔记本电脑。

(3) 联想集团向美国德克萨斯州政府出售 1 台笔记本电脑。

(4) 联想集团向网易公司出售 1 台笔记本电脑,网易公司将这台笔记本电脑供本公司网络维护人员的工作使用。

(5) 联想集团制造了 100 台供下一年销售的笔记本电脑。

计算题

1. 假设一国某一年的国民收入数据如下表所示。

（单位:亿元）

个人消费	3 500
投资	2 800
政府购买	960
利润	1 670
工资	3 200
净出口	320
租金	850
折旧	300

（续表）

间接营业税	660
净国外要素收入	120
利息	900
社会保障金	340
企业留存收益	470
转移收入	230
个人所得税	860

（1）请分别用支出法和收入法计算 GDP。

（2）计算国民生产总值。

（3）计算国民生产净值。

（4）计算国民收入。

（5）计算个人收入与个人可支配收入。

2. 假设一个经济体只生产两种产品，面包和衣服，它们在 2008 年到 2010 年的产量和价格如下表所示。

年份	面包产量（个）	面包价格（元）	衣服产量（件）	衣服价格（元）
2008	100	4	400	50
2009	100	8	400	100
2010	200	8	600	100

（1）以 2008 年作为基年，计算每年的名义 GDP、实际 GDP 和 GDP 平减指数。

（2）分别计算 2009 年和 2010 年与上一年相比，名义 GDP、实际 GDP 和 GDP 平减指数的增长率。

（3）在 2009 年和 2010 年，经济福利增加了吗？为什么？

3. 考虑以下 GDP 数据：

年份	名义 GDP(亿元)	GDP 平减指数(2005 年为基年)
2007	259 259	1.27
2008	302 853	1.38

(1) 2007 年到 2008 年名义 GDP 增长率是多少？GDP 平减指数的增长率是多少？

(2) 按 2005 年的价格衡量，2007 年和 2008 年的实际 GDP 分别是多少？

(3) 2007 年到 2008 年实际 GDP 增长率是多少？

(4) 实际 GDP 增长率是高于还是低于名义 GDP 增长率？为什么？

参考答案

名词解释

1. 即国内生产总值,是指一个国家(或地区)在一定时期(通常是1年)内所生产的全部最终产品和服务的市场价值之和。

2. 即国民生产总值,是指一个国家(或地区)的国民在一定时期(一般1年)内所生产的全部最终产品和服务的市场价值的总和,等于 GDP 加上来自国外的要素收入再扣除向国外的要素支付。

3. 即消费者物价指数,是用有代表性的一篮子消费品和服务的市场价格加总所计算出的一般价格水平。

4. 广义失业率反映对稀缺生产要素(劳动、资本等)的利用状况;狭义失业率仅针对劳动力市场。

5. 一段时间内一般价格水平持续而普遍的上升。

6. 美国经济学家奥肯根据经验数据总结出来的一个规律,概括了失业率波动与产出波动之间的联系。失业率每下降 1%,会导致产出上升2%~2.5%。

简答题

1. 答:

(1) GDP 只计算了那些在市场中存在并能够获得的产品和服务的价值,无法反映非市场活动及地下经济创造的价值。

(2) GDP 不能反映居民的福利水平,GDP 水平高并不代表居民生活质量高。

(3) GDP 不能反映收入分配结构,贫富差距和收入分配不公的情况无法通过 GDP 衡量。

(4) GDP 没有考虑对环境的污染和破坏带来的成本,不反映经济增长的质量和可持续性。

2. 答：

名义 GDP 是用当年的市场价格计算出来的全部最终产品和服务的市场价值之和；实际 GDP 是以某一年的价格作为基年价格计算出来的社会总产出，剔除了各年价格水平的变动；潜在 GDP 是充分就业即资源得到充分利用下的产出水平。

3. 答：

宏观经济学的三大主要目标是经济增长、物价稳定、充分就业。由于价格水平在长期能够充分调整，保证市场出清，长期中的经济运行于充分就业状态；而短期价格具有黏性，市场无法出清，经济运行可能偏离充分就业状态。故研究产出增加时，在短期需要"熨平"经济波动，使之尽可能地运行于充分就业产出水平；在长期需要扩张生产能力，以促进经济增长。

4. 答：

CPI 和 PPI 是根据有代表性的一篮子商品的市场价格计算的平均价格水平。CPI 是从消费的角度衡量的，是由一篮子代表性的消费品和服务的市场价格计算得到的一般价格水平。PPI 是从生产的角度衡量的，若选择一篮子代表性工业品的出厂价格衡量，则得到工业品出厂价格指数，若选择一篮子代表性原材料价格衡量，则得到原材料、燃料和动力购进价格指数。GDP 平减指数代表了经济中的全部产品和服务的一般价格水平，是用名义 GDP 除以实际 GDP 得到的总体价格水平，比 CPI 和 PPI 覆盖的面更广。

5. 答：

(1) 北京市政府从联想集团购买 1 台笔记本电脑会增加 GDP 中的政府购买项目。

(2) 国内消费者小王从联想集团购买 1 台笔记本电脑会增加 GDP 中的消费项目。

(3) 联想集团向美国德克萨斯州政府出售 1 台笔记本电脑属于出口，会增加 GDP 中的净出口项目。

（4）网易公司从联想集团购买 1 台笔记本电脑并供工作使用，属于企业的固定资产投资，会增加 GDP 中的投资项目。

（5）联想集团制造了 100 台供下一年销售的笔记本电脑，属于联想集团的存货投资，会增加 GDP 中的投资项目。

计算题

1. 解：

（1）支出法：

GDP＝$C+I+G+NX$＝3 500＋2 800＋960＋320＝7 580

收入法：

GDP ＝工资＋利息＋租金＋间接营业税＋折旧＋利润

　　　＝3 200＋900＋850＋660＋300＋1 670

　　　＝7 580

（2）GNP ＝GDP＋来自国外的要素收入－向国外的要素支付

　　　　＝GDP＋净国外要素收入

　　　　＝7 580＋120

　　　　＝7 700

（3）NNP＝GNP－折旧＝7 700－300＝7 400

（4）NI＝NNP－间接税＝7 400－660＝6 740

（5）PI ＝NI－企业留存收益－社会保障金＋转移收入

　　　　＝6 740－470－340＋230＝6 160

　　　PDI＝PI－个人所得税＝6 160－860＝5 300

2. 解：

（1）以 2008 年作为基年，2008 年的名义 GDP 为 20 400 元，实际 GDP 为 20 400 元，GDP 平减指数为 1。

2009 年的名义 GDP 为 40 800 元；实际 GDP 为 20 400 元，GDP 平减指数为 2。

2010 年的名义 GDP 为 61 600 元；实际 GDP 为 30 800 元，GDP 平减指数为 2。

（2）从 2008 年到 2009 年，名义 GDP 增长了 100%，实际 GDP

不变,GDP 平减指数增加了 100%。

从 2009 年到 2010 年,名义 GDP 增长了 50.98%,实际 GDP 增长了 50.98%,GDP 平减指数不变。

(3) 在 2009 年,经济福利没有增加,尽管名义 GDP 增长了 100%,但实际 GDP 没有增长,是物价水平的上升带来的名义 GDP 增长。

在 2010 年,经济福利增加了,因为实际 GDP 增长了 50.98%。

3. 解:

(1) 2007 年到 2008 年,名义 GDP 增长率是 16.81%,GDP 平减指数的增长率是 8.66%。

(2) 按 2005 年的价格衡量,2007 年的实际 GDP 是 204 140.9 亿元,2008 年的实际 GDP 是 219 458.7 亿元。

(3) 2007 年到 2008 年实际 GDP 增长率是 7.5%。

(4) 实际 GDP 增长率低于名义 GDP 增长率。因为名义 GDP 以当年价格计算,而实际 GDP 使用基期价格进行计算,扣除了不同年份的价格因素,由于价格水平在此期间上升了,因而实际 GDP 增长率低于包含了价格增长的名义 GDP 增长率。

第三章 国民收入决定模型

学习要点

1. 掌握古典宏观经济模型的推导内容，理解就业量、产出和价格的决定过程。
2. 掌握古典货币数量论，理解货币中性和古典二分法的含义。
3. 理解简单国民收入决定理论的内容和模型推导过程。
4. 理解乘数效应，并能运用其进行财政政策的效应分析。
5. 掌握消费函数之谜的内容，了解生命周期假说的内容，了解持久收入假说的内容。

名词解释

1. 消费函数
2. 平均消费倾向
3. 边际消费倾向
4. 储蓄函数
5. 平均储蓄倾向
6. 边际储蓄倾向
7. 边际消费倾向递减规律
8. 投资
9. 投资乘数
10. 总量生产函数

11. 实际工资
12. 充分就业量
13. 货币中性
14. 总支出函数

简答题

1. 说明消费倾向与储蓄倾向之间的关系。
2. 简述绝对收入假说。
3. 简述持久收入假说。
4. 简述生命周期假说。
5. 简述古典模型中产出的决定。
6. 简述古典货币数量论。
7. 简述古典二分法。

计算题

1. 若某一国家有如下宏观经济模型(单位:亿元)。

   (1) $Y = C + I + G$

   (2) $C = 160 + 0.75Y_d$

   (3) $Y_d = Y - T$

   (4) $T = -100 + 0.2Y$

   (5) $I = 100 + 0.1Y$

   (6) $G = 400$

   试求:该国的总产出、总消费、总投资、政府税收以及相应的投资乘数、政府购买乘数和税收乘数。

2. 假设某经济社会的消费函数为 $C = 100 + 0.8Y_d$,投资支出为 $I = 50$,政府购买 $G = 200$,政府转移支付 $TR = 62.5$,税收 $T = 250$,求:

   (1) 均衡的国民收入。

   (2) 投资乘数、政府购买乘数、税收乘数、转移支付乘数和平衡预算乘数。

3. 社会原收入水平为 1 000 亿元时,消费为 800 亿元;当收入增加到 1 200 亿元时,消费增至 900 亿元。请计算边际消费倾向和边际储蓄倾向。

4. 假定边际消费倾向为 0.8(按两部门计算 K_G 和 K_T),政府如先后增加 20 万元政府购买支出和个人所得税。试求:

(1) 政府购买支出乘数 K_G。

(2) 税收乘数 K_T。

(3) ΔG 为 20 万元时的国民收入增长额。

(4) ΔT 为 +20 万元时的国民收入增长额。

5. 设有下列经济模型: $Y = C + I + G, I = 20 + 0.15Y, C = 40 + 0.65Y, G = 60$。试求:

(1) 边际消费倾向和边际储蓄倾向。

(2) Y, C, I 的均衡值。

(3) 投资乘数。

6. 假设经济模型为: $C = 20 + 0.75(Y - T); I = 380; G = 400; T = 0.20Y; Y = C + I + G$。

(1) 计算边际消费倾向。

(2) 税收的公式表明当收入增加 100 时,税收增加 20,所以可支配收入增加 80,消费增加 60(=0.75×80)。画出作为收入 Y 的消费函数曲线,标明其斜率及纵轴截距。

(3) 计算均衡的收入水平。

(4) 在均衡的收入水平下,政府预算盈余为多少?

(5) 若 G 从 400 增加到 410,计算政府支出乘数,并解释它不等于 $1/(1-MPC)$ 的原因(MPC 为边际消费倾向)。

7. 假设经济模型为: $C = 180 + 0.8(Y - T); I = 190; G = 250; T = 150$;其中 C 表示消费,I 表示投资,G 表示政府支出,T 表示税收,Y 表示国民收入。

(1) 计算边际消费倾向。

（2）画出消费函数曲线，标明它的斜率和纵轴截距。

（3）计算均衡的收入水平。

（4）计算当 $Y=3\,000$ 时，非计划的存货增加额。

8. 在某国，假定货币流通速度不变，实际 GDP 每年增长 5%，货币存量每年增长 10%，而名义利率是 9%。实际利率是多少？

论述题

1. 说明总支出的构成。

2. 说明乘数理论。

3. 绝对收入理论与其他消费理论的本质区别是什么？

参考答案

名词解释

1. 是消费与收入之间的依存关系。在其他条件不变的情况下,消费随收入的变动而同方向变动。用公式表示为：$C = f(Y)$。凯恩斯认为收入是消费的主要决定因素,现期消费是现期收入的增函数,可以简单地表示为一个线性函数形式：$C = C_0 + aY$。其中 $C_0 > 0, 0 < a < 1, a$ 就是边际消费倾向。

2. 是指消费在收入中所占的比例。用公式表示为：$APC = \dfrac{C}{Y}$。凯恩斯认为随着收入水平提高,平均消费倾向会逐渐下降。

3. 是指增加的 1 单位收入中被用于消费的数量,用公式表示为：$MPC = \dfrac{\Delta C}{\Delta Y}$。凯恩斯认为边际消费倾向处于 0 与 1 之间。

4. 是储蓄与收入之间的依存关系。在其他条件不变的情况下,储蓄随收入的变动而同方向变动,用公式表示为：$S = f(Y)$。根据凯恩斯消费函数的分析,结合公式 $Y = C + S$ 和 $C = C_0 + aY$ 可以推导出：$S = -C_0 + (1 - a)Y$。

5. 是指储蓄在收入中所占的比例,用公式表示为：$APS = \dfrac{S}{Y}$。

6. 是指增加的 1 单位收入中被用于储蓄的数量,用公式表示为：$MPS = \dfrac{\Delta S}{\Delta Y}$。

7. 又称"心理上的消费倾向",是凯恩斯有效需求理论中的三大基本心理规律之一,用以解释需求不足的原因。其基本内容是随着收入的增加,消费也在增加,但在所增加的收入中,用来消费的部分所占的比例越来越小。

8. 是指厂商对投资品的需求或支出,包括：企业固定资产投资、存货投资,以及居民住房投资。

9. 指由投资变动引起的收入改变量与投资支出改变量之间的比率。其数值等于边际储蓄倾向的倒数。也就是当投资支出(I)增加 ΔI 时,均衡产出(Y^*)的增量为 $\Delta Y = \Delta I/(1-a)$,系数 $1/(1-a)$ 被称为乘数。由于 $0 < a < 1$(a 为边际消费倾向),从而 $1/(1-a) > 1$。

10. 产出水平由投入生产的要素(资本、劳动、自然资源等)数量决定。这种投入与产出之间的数量关系可用总量生产函数的形式表示:$Y = F(K, L)$,Y 代表一国的产出水平;K 代表经济中的资本量;L 代表就业量。当发生技术进步时,一定量的劳动和资本投入能带来更多的产出。在某个时点上,经济体中的资本存量(如机器、设备等)和技术水平是固定的,产出随就业的增加而增加;而且随着就业量的增加,产出增加的比率($\mathrm{d}Y/\mathrm{d}L$)是递减的。

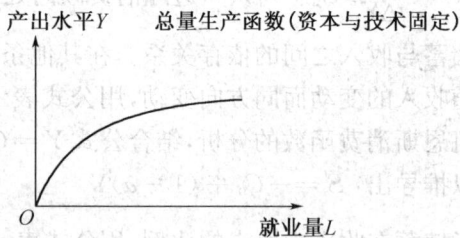

11. 是衡量工资实际购买力的指标。实际工资等于名义工资除以价格水平,即 $w = W/P$,两边取对数并同时微分,可得:$\dfrac{\mathrm{d}w}{w} = \dfrac{\mathrm{d}W}{W} - \dfrac{\mathrm{d}P}{P}$,表明实际工资的变化率等于名义工资的变化率减去通货膨胀率。

12. 充分就业是指现行工资水平下愿意提供劳动的人都能够被劳动需求所吸收。古典主义假设劳动市场中实际工资具有伸缩性,它能够灵活调节市场供求:当出现劳动超额供给时,市场供求力量的相互作用将会对实际工资产生向下压力,直至市场出清;与此类似,当劳动市场存在超额需求时,市场供求力量相互作用使实际工资短暂增加,使市场出清。古典模型中劳动市场保持出清状态,故古典模型中的就业量即为市场出清时的就业量(充分就业量)。

13. 古典宏观经济模型中,如果货币供给变化只是影响一般价格水平,一定量的货币供给增加(减少)只引起一般价格水平的上升(下降),但不对实际变量如产量、就业量产生影响,称货币具有中性。

14. 要素所有者获得收入后会利用收入对最终产品和服务进行支出,所有支出项之和构成了总支出函数。对最终产品和服务的总支出具体包括:消费支出(C)、投资支出(I)、政府购买支出(G)、净出口($X-M$)。记总支出为AE,有$AE = C + I + G + (X - M)$。

简答题

1. 答:

消费倾向和储蓄倾向分别说明消费与收入和储蓄与收入之间的关系。消费倾向包括平均消费倾向和边际消费倾向。平均消费倾向是指消费在收入中所占的比例。如果以APC代表平均消费倾向,以C和Y分别代表消费和收入,则:$APC = C/Y$。

边际消费倾向是指增加的消费在增加的收入中所占的比例。如果以MPC代表边际消费倾向,以ΔC代表增加的消费,以ΔY代表增加的收入,则:$MPC = \Delta C/\Delta Y$。

储蓄倾向包括平均储蓄倾向和边际储蓄倾向。平均储蓄倾向是指储蓄在收入中所占的比例。如果以APS和S分别代表平均储蓄倾向和储蓄,则:$APS = S/Y$。

边际储蓄倾向是指增加的储蓄在增加的收入中所占的比例。如果以MPS代表边际储蓄倾向,以ΔS代表增加的储蓄,则：$MPS = \Delta S / \Delta Y$。

全部的收入分为消费与储蓄，所以：$APC + APS = 1$；同样，全部增加的收入分为增加的消费量与增加的储蓄，所以：$MPC + MPS = 1$。

2. 答：

绝对收入假说认为，人们的当前消费取决于其绝对收入水平。具体来说是指：在短期中，收入与消费是相关的，即消费取决于收入，消费与收入之间的关系就是边际消费倾向。绝对收入假说可以简单地表示为一个线性函数形式：$C = C_0 + aY$。其中 $C_0 > 0, 0 < a < 1$，a 就是边际消费倾向。实际消费支出是实际收入的稳定函数；收入是指现期绝对实际收入水平；边际消费倾向是正值，但小于 1；边际消费倾向随收入增加而递减；边际消费倾向小于平均消费倾向。

概括起来，绝对收入假说的中心是消费取决于绝对收入水平，以及边际消费倾向递减。

3. 答：

持久收入假说是由弗里德曼(Friedman)提出来的，认为当前消费取决于持久收入水平。

弗里德曼认为一个人的收入可分为持久收入 Y^P 和暂时收入 Y^T，即：$Y = Y^P + Y^T$。持久收入是稳定的、正常的收入，暂时收入则是不稳定的、意外的收入，例如彩票收入、加班收入。

弗里德曼认为：决定人们消费支出的是他们持久的、长期的收入，而不是短期的可支配收入。可以近似写成如下简单的消费函数：$C = aY^P$，a 是定值，衡量持久收入中消费的部分。平均消费倾向是：$APC = \dfrac{C}{Y} = a \dfrac{Y^P}{Y}$，平均消费倾向取决于持久收入与当期收入的比例。短期由于存在暂时收入（Y^T），Y 会发生波动导致平均消费倾向在短期会波动。然而长期看，暂时收入的影响会互相抵消，平均消费倾向比较稳定。

4. 答：

生命周期假说由莫迪利安尼等人提出。其观点简单地说就是，当前消费取决于全部预期收入。总量消费函数可以简写为：$C = \alpha W + \beta Y$。其中 W 代表财富，Y 代表总收入，系数 α 是财富的边际消费倾向，系数 β 是收入的边际消费倾向，C 代表总消费。则平均消费倾向为：$APC = \dfrac{C}{Y} = \alpha\left(\dfrac{W}{Y}\right) + \beta$。莫迪利安尼认为，在短期，人们的财富水平稳定，因此随着收入 Y 增加，平均消费倾向递减；在长期，财富 W 也会发生变动，并且与收入 Y 的变动往往一致，因此平均消费倾向在长期能保持稳定。具体来说，每个人都根据他一生的全部预期收入来安排他的消费支出。他会在工作年份进行储蓄，以便退休后不必减少消费，以维持原有生活水平。这一假说有两个前提，第一，消费者是完全理性的，他们会以合理的方式使用自己的收入，进行消费；第二，消费者行为的目标是为了实现效用最大化。这样，理性的消费者会根据效用最大化的原则使用一生的收入，合理地安排一生的消费和储蓄，使一生的收入等于消费。

5. 答：

产出水平一般取决于资本、劳动和技术，在 2～3 年的时间范围内，资本和技术水平基本没有什么变化，所以产出只取决于劳动。在劳动力市场，古典模型假定劳动力价格具有完全的伸缩性，即真实工资具有完全伸缩性，所以劳动力市场将维持出清状态，此时的就业量即充分就业量。所以古典模型中的产出就是潜在产出。如图，L^* 是充分就业量，对应的生产函数曲线上的产出水平 Y^* 为充分就业产出水平。

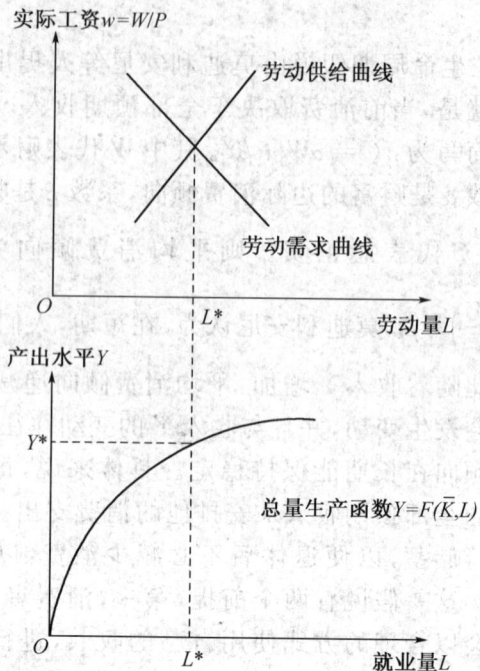

实际工资 $w=W/P$

劳动供给曲线

劳动需求曲线

O L^* 劳动量 L

产出水平 Y

Y^*

总量生产函数 $Y=F(\bar{K},L)$

O L^* 就业量 L

6. 答：

    货币数量论是关于货币数量与物价水平关系的一种理论。根据古典经济学家的看法，货币只起到交易媒介的作用。货币数量论用数量方程式作为分析工具，货币数量方程式：$MV = PY$，其中 P 代表价格水平，Y 代表实际产量，P 与 Y 乘积代表了名义 GDP；M 代表经济中的货币数量，V 是货币流通速度，MV 代表了经济体中的货币总量所能够支持的交易（产出）的名义价值，与名义 GDP 是恒等的。

    货币数量论进一步认为生产要素和生产函数共同决定实际产出，实际产出（Y）始终处于充分就业的产出水平，故实际产出（Y）不变。货币数量论假设货币流通速度不变，那么货币数量的增加引起价格水平上升，且是同比例变动的。这样货币数量论意味着，物价水平和货币供给同比例变动，也即货币增长率决定通货膨胀率。

7. 答:

古典经济学把变量分为实际变量和名义变量,这种方法被称为古典二分法。实际变量是用实物单位衡量的变量,例如实际工资和实际国民收入;名义变量是用货币表示的变量,例如物价水平和通货膨胀率。货币供给的变化不影响实际变量。在现实中,在长期,货币供给量不会对实际变量产生影响;而在短期,货币供给量会对实际变量产生影响。古典二分法是古典宏观经济学的一个重要观点,它简化了经济理论,考察实际变量而不考察名义变量。

计算题

1. 解:

步骤略。

$Y = 2\,450 \quad C = 1\,705 \quad I = 345 \quad T = 390$

$K_I = 4 \quad K_G = 4 \quad K_T = -3$

2. 解:

(1) $Y_d = Y - T + TR = Y - 250 + 62.5 = Y - 187.5$

$Y = C + I + G = 100 + 0.8 \times (Y - 187.5) + 50 + 200 = 100 + 0.8Y - 150 + 50 + 200 = 0.8Y + 200$

得均衡收入 $Y = 200/0.2 = 1\,000$

(2) 由消费函数可知边际消费倾向 $a = 0.8$

$K_I = 1/(1-a) = 1/0.2 = 5$

$K_G = 1/(1-a) = 1/0.2 = 5$

$K_T = -a/(1-a) = -0.8/0.2 = -4$

$K_{TR} = a/(1-a) = -0.8/0.2 = 4$

$K_B = K_G + K_T = 1$

3. 解:

(1) 边际消费倾向 $MPC = \Delta C/\Delta Y = (900 - 800)/(1\,200 - 1\,000) = 0.5$

(2) 边际储蓄倾向 $MPS = \Delta S / \Delta Y = 1 - MPC = 1 - 0.5 = 0.5$

4. 解：

(1) 当 $a = 0.8, K_G = \Delta Y / \Delta G = 1/(1-a) = 5$

(2) 当 $a = 0.8, K_T = \Delta Y / \Delta T = -a/(1-a) = -4$

(3) $\Delta Y = K_G \Delta G = 100$

(4) $\Delta Y = K_T \Delta T = -80$

5. 解：

(1) $MPC = 0.65, MPS = 1 - MPC = 0.35$

(2) 由 $Y = C + I + G = 40 + 0.65Y + 20 + 0.15Y + 60, Y = 600$，
$C = 430, I = 110$

(3) $K = 1/(1 - 0.65 - 0.15) = 5$（注意：此时，$C$ 和 I 均与 Y 成
正比，所以乘数不等于 $1/(1-0.65)$）

6. 解：

(1) 由题意可知，税率为 0.2，所以 $C = C_0 + a(1-t)Y = 20 +
0.75 \times 0.8Y = 20 + 0.6Y$，而边际消费倾向依然为 $a =
0.75$

(2) $C = C_0 + a(1-t)Y = 20 + 0.75 \times 0.8Y = 20 + 0.6Y$，斜
率为 0.6，截距为 20，如图：

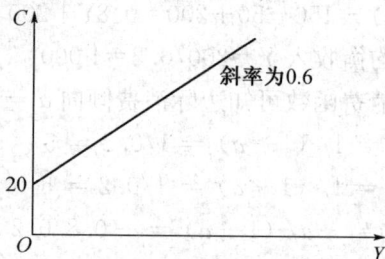

(3) $Y = (C_0 + I + G)/[1 - a(1-t)] = (20 + 380 + 400)/
(1 - 0.6) = 2\,000$

(4) 政府盈余为 $T - G = 400 - 400 = 0$

(5) $K_G = 1/[1 - a(1-t)] = 2.5$ 而不是 $1/(1-0.75) = 4$ 的

原因是随着国民收入的增加上交的税收也增加。

7. 解：

(1) 边际消费倾向为 0.8。

(2) 由于 $C = 180 + 0.8(Y - T) = 180 + 0.8Y - 0.8 \times 150 = 60 + 0.8Y$，斜率为 0.8，截距为 60，如图：

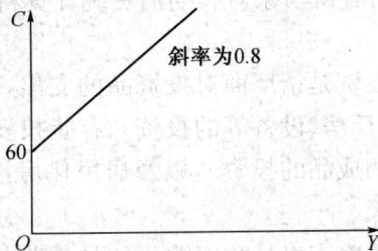

(3) $Y = (C_0 + I + G - aT)/(1 - a) = (180 + 190 + 250 - 0.8 \times 150)/(1 - 0.8) = 500/0.2 = 2\,500$

(4) 当 $Y = 3\,000$ 时，非计划存货为 $3\,000 - 2\,500 = 500$（由于是存货，所以没有进入流通市场，也就不会产生乘数效应）

8. 解：

由 $MV = PY$，有：

$$P = \frac{MV}{Y}$$

则 $P_2 = \dfrac{M_2 V}{Y_2} = \dfrac{1.1MV}{1.05Y} = 1.048P$

P 变动 $= 4.8\%$

即：$\pi = 4.8\%$

再由费雪方程式：$i = r + \pi$，有：

$9\% = r + 4.8\%$

$r = 4.2\%$

实际利率为 4.2%。

论述题

1. 答：

总支出包括消费、投资、政府支出与出口四个部分。

消费是指居民对产品与劳务的支出，包括：耐用消费品支出、非耐用消费品支出、住房租金，以及对其他劳务的支出。根据西方经济学家对长期消费统计资料的分析，这部分是相当稳定的。

投资是指厂商对投资品的支出，包括：企业固定资产投资（用于厂房、设备等的投资）、存货投资（用于原料、半成品及待销售的成品的投资），以及居民住房投资。投资在经济中波动相当大。

政府支出是政府购买产品与劳务的支出。随着国家对经济生活干预的加强，总支出中政府支出的比例也一直在提高。

出口在分析国民收入的决定时是指净出口，即出口与进口之差。

2. 答：

乘数是指自发总需求的增加所引起的国民收入增加的倍数，或者说是国民收入增加量与引起这种增加量的自发总需求增加量之间的比率。

乘数的大小取决于边际消费倾向。边际消费倾向越高，乘数就越大；边际消费倾向越低，乘数就越小。这是因为边际消费倾向越大，增加的收入就有更多的部分用于消费，从而使总需求和国民收入增加得更多。

从乘数公式还可以看出，因为边际消费倾向是大于 0 小于 1 的，所以，乘数一定是大于 1 的。这也反映了国民经济各部门之间存在着密切的联系。某一部门自发总需求的增加，不仅会使本部门收入增加，而且会在其他部门引起连锁反应，从而使这些部门的需求与收入也增加，最终使国民收入的增加数倍于最初自发总需求的增加。

3. 答:

　　绝对收入理论强调绝对收入决定当前消费。在短期中,收入与消费是相关的,即消费取决于收入。边际消费倾向随收入增加而递减,这是边际消费倾向递减规律。边际消费倾向小于平均消费倾向。其核心是消费取决于绝对收入水平和边际消费倾向递减。

　　相对收入理论是由杜森贝提出的,他认为消费并不取决于现期绝对收入水平,而是取决于相对收入水平,即相对于其他人的收入水平和相对于本人历史上最高的收入水平。

　　生命周期理论是莫迪利安尼等人提出的。他们认为消费不取决于现期收入,而取决于一生的收入和财产收入,其消费函数公式如下: $C = \alpha W + \beta Y$。其中 W 代表财富,Y 代表总收入,系数 α 是财富的边际消费倾向,系数 β 是收入的边际消费倾向,C 代表总消费。

　　绝对收入理论与其他消费理论本质区别在于政府要不要干预经济生活。因为:

(1) 凯恩斯关注的是短期,短期中消费是不稳定的,会引起国民收入波动,所以政府要对经济进行干预。

(2) 其他消费理论关注的是长期,长期中的消费是稳定的,不会引起经济波动,所以反对政府干预经济。

第四章 *IS-LM* 模型及政策效应分析

学习要点

1. 了解投资支出的类型和影响因素。
2. 掌握产品市场均衡的基本思想和基本内容,并且推导 *IS* 曲线。
3. 理解凯恩斯货币需求函数的内容。
4. 掌握货币市场均衡的基本思想和基本内容,并且推导 *LM* 曲线。
5. 能够运用 *IS-LM* 模型进行货币政策和财政政策的效应分析,了解财政政策乘数、货币政策乘数的计算过程。

名词解释

1. 固定资产投资
2. 存货投资
3. 交易动机
4. 预防动机
5. 投机动机
6. 流动性陷阱
7. 基础货币
8. 平方根定律
9. 挤出效应

简答题

1. 怎样推导 *IS* 曲线与 *LM* 曲线?
2. 分析 *IS* 曲线和 *LM* 曲线的决定因素。
3. 什么是 *LM* 曲线的三个区域,其经济含义是什么?
4. *IS* 曲线和 *LM* 曲线的交点所决定的均衡点是不是充分就业的产出,为什么?
5. 边际税率与边际进口倾向变大时,*IS* 曲线的斜率会发生什么变化?
6. 中央银行调节货币供给量有哪些手段? 有何区别?
7. 货币流通速度加快对产出和利息有何影响?
8. 在流动性陷阱的条件下,为什么中央银行扩张性货币政策无效?
9. 在古典区域内,为什么扩张性财政政策效果不大?
10. *IS-LM* 模型在分析经济问题时会有哪些限制?

计算题

1. 假定活期存款准备金率为 20%,定期存款准备金率为 5%,现金持有倾向为 23%,定期存款倾向为 40%,超额存款准备金率为 5%,中央银行的外汇储备增加 100 亿美元,汇率为 1:8。
   (1) 货币供给增加多少?
   (2) 活期存款、定期存款与现金各增加多少?
2. 设 *IS* 曲线为 $Y = 5\,600 - 40i$,*LM* 曲线为 $i = -20 + 0.01Y$。
   (1) 求均衡产出。
   (2) 若产出为 $3\,000$,经济将会发生怎样的变动?
3. 设消费函数为 $C = 300 + 0.8Y_d$,政府支出为 200,税率为 0.25,投资函数为 $I = 200 - 1\,500i$,净出口函数为 $NX = 100 - 0.04Y - 500i$,名义货币供给为 $M = 750$,价格水平为 $P = 1$,货币需求函数为 $L = 0.5Y + 200 - 2\,000i$。试求:
   (1) *IS* 曲线的表达式。

（2）LM 曲线的表达式。

（3）两市场同时均衡时的利率与收入。

4. 两部门经济中，假定货币需求函数为 $L = 0.3Y$，货币供给为 300 美元，消费函数为 $C = 150 + 0.8Y$，投资函数为 $I = 80 - 5i$。

（1）根据这些函数求 IS 与 LM 曲线的表达式。

（2）若货币供给从 300 美元增加到 330 美元，LM 曲线如何移动？均衡收入、利率各为多少？

（3）为什么均衡收入增加量等于 LM 曲线移动量？

5. 假设一经济体的消费函数为 $C = 600 + 0.8Y$，投资函数为 $I = 400 - 50i$，政府购买为 $G = 200$，货币需求函数为 $L = 250 + 0.5Y - 125i$，货币供给 $M_S = 1\,250$（单位均是亿美元），价格水平是 $P = 1$，试求：

（1）IS 和 LM 方程。

（2）均衡收入和利率。

（3）财政政策乘数和货币政策乘数。

（4）设充分就业收入为 $Y^* = 5\,000$（亿美元），若用增加政府购买实现充分就业，要增加多少购买？

（5）若用增加货币供给实现充分就业，要增加多少货币供给量？

（6）用图表示（4）题和（5）题。

论述题

1. 怎样理解 $IS\text{-}LM$ 模型是凯恩斯主义宏观经济学的核心？

2. 为什么要讨论 $IS\text{-}LM$ 曲线的移动？

3. 用 $IS\text{-}LM$ 模型说明为什么凯恩斯主义强调财政政策的作用，而货币主义强调货币政策的作用。

参考答案

名词解释

1. 指企业对新的生产设备及厂房等建筑物的购买。
2. 指企业持有作为储备的各种物品,包括企业根据未来销售状况的预期而储备的最终产品,或企业为下期生产而储备的各种投入品。
3. 公众为了满足交易的需要而对货币产生的需求,它随收入的增加而增加,随持币成本的增加而减少。
4. 公众为了应对某些突发事件的发生而持有的货币数量,它随收入的增加而增加,随持币成本的增加而减少。
5. 公众为了将来购买有价证券而意愿持有的货币数量,它随利率的下降而增加。
6. 凯恩斯提出,货币需求是利率的减函数,即利率下降时货币需求会上升,然而当利率下降到一定程度时或者到临界点时,即债券的价格上升到足够高时,人们购买的生息债券会面临亏损的极大风险。这时人们估计如此高的债券价格只会下降,不会上升,于是人们就不会再购买有价证券,而将货币保留在手中。在这种情况下,货币的增加不会导致利率下降。因为人们持有货币的意愿无限大,而不会购买债券,因此债券价格也不会上升,因此利率也不会下降。这就是所谓的流动性陷阱,这时扩张的货币政策不会对投资与利率产生影响,货币政策无效。
7. 指商业银行持有的准备金与公众持有的现金之和。基础货币是银行体系乘数扩张、货币创造的基础。当中央银行向商业银行提供或收缩基础货币时,可使市场的货币供给成倍扩张或收缩。因此又被称为高能货币。
8. 货币的需求不仅与收入有关,而且与利率也有关。因为持币会失去利率收入,因此持有货币也会产生成本。个人必须在多持货币所带来的机会成本与少持货币所带来的交易成本之间建立一种平衡。鲍莫尔与托宾基于对上述成本问题的考察,得出平方根定律。即：$\left(\dfrac{M}{P}\right)^D = \sqrt{\dfrac{FY}{2r}}$。

9. 指利率上升引起私人投资减少,扩张性财政政策带来的产出增加部分被"挤出"的经济效应。在 IS-LM 模型中,若 LM 曲线不变,向右移动 IS 曲线会引起产出增加与利率上升,但是这一增加的产出小于利率不变时的产出增量。这两种情况下的产出增量之差就是挤出效应。

简答题

1. 答：

(1) 我们利用投资与利率的函数曲线、储蓄与利率的函数曲线以及投资与储蓄的关系(储蓄等于投资)得到 IS 曲线。下面利用储蓄与利率、投资与储蓄以及投资与利率的关系进行画图。

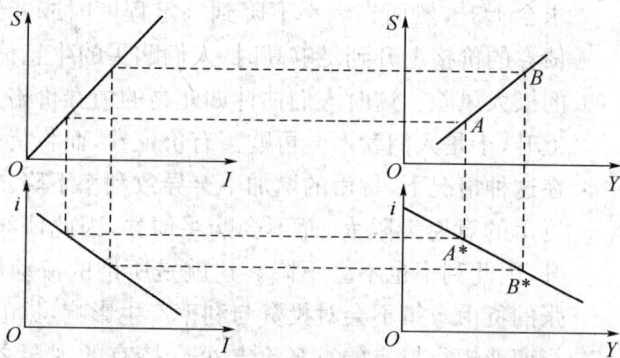

(2) 利用货币供给曲线以及货币需求曲线。如下图,M 为货币供给曲线,收入为 Y_1 时的货币需求为 $L_1 : L_1 = KY_1 - hi$,此时两曲线的交点决定了均衡利率 i_1,当收入由 Y_1 提高到 Y_2 时,货币需求曲线 L_1 向右上移至 $L_2 : L_2 = KY_2 - hi$,此时的均衡利率为 i_2。在右图 $i-Y$ 的平面上把 i 与 Y 的关系描画出来就得到了 LM 曲线。

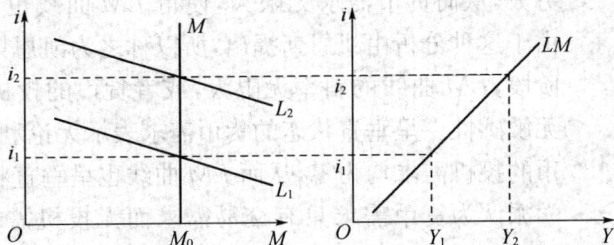

2. 答：

(1) IS 曲线的决定因素。为了便于讨论，下面推导出 IS 曲线的表达式。总需求函数为：$AD = A - bi + aY$，总产出倾向处于与总需求一致的水平，即 $Y = AD = A - bi + aY$。

求得：$Y = \dfrac{A}{1-a} - \dfrac{b}{1-a}i$

① 自发性支出 A；

② 边际消费倾向 a 的变化；

③ 投资对利率的敏感度 b。

(2) LM 曲线的决定因素。根据货币需求函数与货币供给 M

可以得出 LM 曲线：$i = \dfrac{k}{h}Y - \dfrac{1}{h}\left(\dfrac{\overline{M}}{P}\right)$

① 中央银行的实际货币供给量 $\dfrac{\overline{M}}{P}$；

② 交易货币需求量占总产出的比例 k 的大小；

③ 投机与谨慎动机对利率的反应程度 h。

3. 答：

LM 曲线上的三个区域是指 LM 曲线从左到右所经历的水平线、向右上方倾斜、垂直线的三个阶段。LM 曲线的这三个区域分别指：凯恩斯区域、中间区域、古典区域。其经济含义指，在水平线阶段的 LM 曲线上，货币的需求曲线已处于水平状态，对货币的投机需求已达到利率的下降的最低点"流动性偏好陷阱"阶段,货币需求对利率的敏感性极大,以至于趋向无穷大,从而货币需求无限大,使得 LM 曲线也呈现水平状态。由于这种分析由凯恩斯提出,所以称之为凯恩斯区域。在垂直阶段,LM 曲线的斜率无限大,或者货币的投机需求对利率毫无敏感性。呈垂直状态的货币需求表示无论利率怎样变化,货币的投机需求均为零,从而 LM 曲线也呈垂直状态。由于古典学派认为货币需求只有交易需求而无投机需求,因此垂直的 LM 区域被称为古典区域。介于垂直线与水平线之间的区域则被称为中间区域。

4. 答:

两个市场同时均衡的产出不一定是充分就业的产出。因为,IS 曲线与 LM 曲线的交点只是表示产品市场与货币市场上供求相等的产出与利率的组合,因此两条曲线所形成交点也只是表示两个市场同时达到均衡的利率和产出,但并不一定是充分就业时的产出。当整个社会的有效需求严重不足时,即使利率很低,企业的投资意愿也很差,这样会使较低的收入与较低的利率结合达到产品市场与货币市场的均衡,即在凯恩斯区域偏左的位置,IS 曲线与 LM 曲线相交时,交点上的产出往往就是非充分就业产出。

5. 答:

边际税率与边际进口倾向变大时,IS 曲线的斜率将会变大,即 IS 曲线会变得更为陡峭。设边际税率为 t,边际进口倾向为 m,$AD = C_0 + aY_d + I_0 - bi + G + (X - M_0 - mY)$;$Y_d = Y - (T_0 + tY)$;$AD = Y$。根据前面的等式可得:IS 曲线的斜率为 $-(1 - a(1-t) + m)/b$,因此,边际税率 t 与边际进口倾向 m 变大时,IS 曲线的斜率的绝对值会变大,其根本原因就是:税收、进口与储蓄一样,是一种漏出。储蓄率的提高会增加投资,而提高税率等于政府的储蓄提高,提高边际进口倾向等于提高了国外部门的储蓄,经济中注入减少,因此,在 LM 曲线不变的情况下,产出会下降。

6. 答:

中央银行调节货币供给量主要有以下三种手段:

(1) 公开市场业务:中央银行通过证券市场买卖有价证券调节货币供给量。

(2) 再贴现率:中央银行通过改变商业银行的再贴现率(贷款利率)影响商业银行的再贴现行为,从而影响货币供给量。

(3) 准备金率:中央银行通过改变存款准备金率从而改变存款乘数影响货币供给量。

7. 答:

根据费雪货币方程:$M=PY/V$,流通速度加快,从事交易的货币需求减少,这使得在实际中的货币量相对变多,即在同等货币量的情况下,可以支持的交易量变大,在产出不变的情况下,货币相对过剩,使得利率下降,利率下降会导致投资增加,投资增加带来产出增加。因此货币流通速度的加快会导致利率下降,产出增加。

8. 答:

在流动性陷阱的条件下,货币需求曲线呈水平状态,也即投机货币需求对利率的敏感度为无限大,中央银行扩张性货币政策使得利率不再下降。如图 a 所示:扩张性货币政策使得货币供给曲线由 M_1 右移至 M_2,但是利率仍为 i_0。

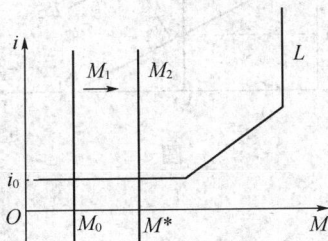

图 a

在 LM 曲线上表现为凯恩斯区域,扩张性货币政策表现为 LM 曲线的向右移动,与 IS 曲线的交点不变。如图 b 所示:利率仍为 i_0,由于利率不变,企业投资意向不变,产出仍然为 Y。

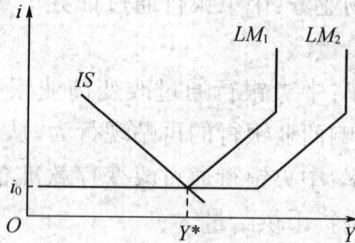

图 b

9. 答:

在古典区域内,由于 LM 曲线表现为一条垂直线,此时货币的投机需求为零,货币需求完全表现为交易需求,交易量的扩大受到货币量的制约。扩张性财政政策将导致利率急剧上升,挤出效应为 100%,即政府扩张性财政政策将会被私人投资的挤出所冲减,除了利率上升外,产出仍然维持在原有水平,所以此时的财政政策无效。如图 c 所示。

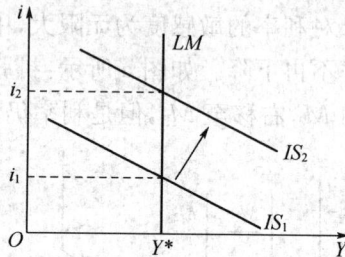

图 c

10. 答:

(1) IS-LM 模型和简单凯恩斯模型一样,隐含着以供给价格弹性无限大为前提。即总需求的变动对价格不产生影响,此时处于萧条经济的环境中。

(2) IS-LM 模型没有考虑总供给对宏观经济的影响,只有总需求分析。

(3) 没有考虑开放经济的情况。

(4) 只进行了静态分析,最多也就是比较静态分析,不具有长期和跨期的分析视角。

计算题

1. 解:

根据货币创造乘数有: $\Delta M_s = \dfrac{1+K}{r_d + e + r_t t + K} \Delta H$

(1) 汇率为 1∶8,所以高能货币增加为:$100 \times 8 = 800$(亿元人民币)

所以:$\Delta M = \dfrac{1+0.23}{0.2 + 0.05 + 0.05 \times 0.4 + 0.23} \times 800 = 1\,968$(亿元人民币)

(2) 增加的活期存款为:$\Delta D_d = \dfrac{1}{0.5} \times 800 = 1\,600$(亿元人民币)

增加的现金发行为:$\Delta C = \dfrac{0.23}{0.5} \times 800 = 368$(亿元人民币)

增加的定期存款为:$\Delta D_t = \dfrac{1}{0.5} \times 800 \times 0.4 = 640$(亿元人民币)

2. 解:

(1) 联立方程组有:

IS 曲线为:$Y = 5\,600 - 40i$

LM 曲线为:$Y = 2\,000 + 100i$

联立可得均衡解:$Y = 4\,572, i = 25.71$

(2) 当产出为 3\,000 时,表明产品市场的均衡水平为 3\,000,而此时的利率水平高于货币市场均衡的水平,因此利率下降。利率的下降将使得投资意愿上升,产出水平提高,当货币市场的利率与产品市场的利率达到一致时,产出达到两个市场都处于均衡状态的产出,此时利率不再变化,两个市场在同一点达到均衡。

3. 解:

(1) 这是一个引入外贸的四部门经济模型:$AD = Y = C + I + G + NX$,由已知条件可得:

$$Y = 300 + 0.8Y_d + 200 - 1\,500i + 200 + 100 - 0.04Y - 500i$$

又 $Y_d = (1-t)Y = 0.75Y$,代入上式可得:

IS 曲线为:$Y = 1\,818.18 - 4\,545.45i$

(2) 在名义货币供给为 750,价格水平为 1 的情况下,实际货币供给为 750,由货币供给等于货币需求得 LM 曲线:

$$750 = 0.5Y + 200 - 2\,000i$$

即得 LM 曲线为:$Y = 1\,100 + 4\,000i$

(3) 联立方程组 $\begin{cases} Y = 1\,818.18 - 4\,545.45i \\ Y = 1\,100 + 4\,000i \end{cases}$

解方程组得均衡利率:$i = 0.084, Y = 1\,436$

4. 解:

(1) IS 曲线为:$Y = C + I = 1\,150 - 25i$

LM 曲线为:$M^D = M^S$,可得:$Y = 1\,000$

(2) $M^S = 330$ 时,LM 曲线向右移动,$Y = 1\,100$,$i = 2$

(3) 因为 LM 曲线垂直。

5. 解:

(1) 从收入恒等式 $Y = C + I + G$ 中得:

$Y = 600 + 0.8Y + 400 - 50i + 200$,即

$0.2Y = 1\,200 - 50i$

或 $Y = 6\,000 - 250i$——IS 方程

从 $Ms/P=L$ 中得出 $1\,250/1=250+0.5Y-125i$,即

$0.5Y=1\,000+125i$

或 $Y=2\,000+250i$——LM 方程

(2) 将 IS 和 LM 方程联立求得:$i=8,Y=4\,000$

(3) 财政政策乘数为:$\mathrm{d}Y/\mathrm{d}G=\dfrac{1}{1-a+bk/h}=2.5$

　　货币政策乘数为:$\mathrm{d}Y/\mathrm{d}M=\dfrac{1}{(1-a)h/b+k}=1$

(4) 由于 $Y^*=5\,000$,而实际收入为 $Y=4\,000$,因此 $\Delta Y=1\,000$,若用政府购买实现充分就业,则要增加政府购买为:

$$\Delta G=\Delta Y/\dfrac{\mathrm{d}Y}{\mathrm{d}G}=\dfrac{1\,000}{2.5}=400$$

(5) 若用增加货币供给量来实现充分就业,则增加货币供给量为:$\Delta Ms=\Delta Y/\dfrac{\mathrm{d}Y}{\mathrm{d}M}=\dfrac{1\,000}{1}=1\,000$

(6) 图 a 为(4)题的图,图 b 为(5)题的图。

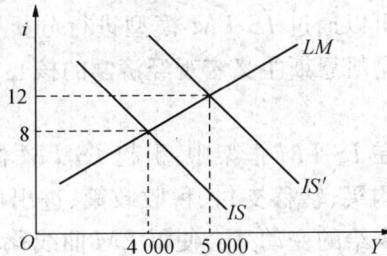

图 a

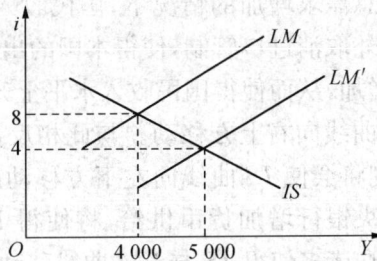

图 b

论述题

1. 答：

　　凯恩斯的有效需求理论认为：国民收入取决于有效需求，而有效需求又取决于边际消费倾向递减、资本边际收益率递减以及流动性偏好这三个心理规律的作用。这三个心理规律涉及到四个变量：边际消费倾向、资本边际收益率、货币供给与货币需求。凯恩斯主义通过利率把实体经济与货币经济联系起来，打破了古典主义将实体经济与货币经济分开的两分法，并认为货币不是中性，货币市场上的利率影响投资与收入，产品市场上的收入又会影响利率与货币需求，这就是产品市场与货币市场的相互联系与作用。汉森与希克斯这两位经济学家通过 *IS-LM* 模型将这四个变量联系在一起，构成了一个由产品市场与货币市场相互作用的决定国民收入与利率水平的经济体系，这种分析框架使得凯恩斯的有效需求理论更加完善。不仅如此，凯恩斯理论框架中的经济政策——财政政策与货币政策也可以通过 *IS-LM* 模型进行分析和展开。所以说 *IS-LM* 模型是凯恩斯主义宏观经济学的核心。

2. 答：

　　在 *IS-LM* 框架中，引起 *IS-LM* 曲线移动的原因很多，如政府购买、转移支付、税收政策、进出口等，而实际货币需求与货币供给的变动又会使得 *LM* 曲线移动。例如，政府直接减免税收，使得人们的可支配收入上升，从而使得消费支出水平上升，在总需求增加的情况下，国民收入水平也将跟着上升。又如，国外取消进口管制，使得本国的出口增加，出口增加带动总需求增加，从而使得国民收入水平上升。上面这两种情况都将使 *IS* 曲线向右上方移动。与此相反，税收的增加与国外的进口管制将会使 *IS* 曲线向左下方移动。同样，在价格水平不变时，中央银行增加货币供给，将使得 *LM* 曲线向右下方移动。因此，在诸多使得 *IS* 与 *LM* 曲线移动的因素中，西方学者特别注重财政政策与货币政策的变动。政府实行扩张性财政政策时,国民收入增加,利率水平上升,此时,*IS* 曲线向右上方移动,反之,则向左下方移动;同样,在政府实行宽松的货币政策时,*LM* 曲线向右下方移动,此时国民收入增加,利率水平下降,反之,*LM* 曲线向左上方移动,国民收入减少,利率水平上升。因此,西方学者将 *IS-LM* 模型作为分析财政政策与货币政策简明而直观的工具。这也是为什么要讨论 *IS* 曲线和 *LM* 曲线移动的主要原因。

3. 答:

按照西方经济学家的观点,一般情况下,由于货币的投机需求与利率呈反比关系,因而 *LM* 曲线是向右上方倾斜的。但是当利率上升到很高的程度时,因保留货币而产生的利息损失相当大,而利率进一步上升时引起的资本损失风险很小,这使得货币的投机需求完全消失。这是因为,利率很高时,债券价格很低,当债券价格低到正常水平以下时,买进债券不会使本金因价格再跌而遭受损失,因此所有闲置资金全部用来购买债券,此时用于投机的货币需求为零,也就是货币需求对利率无反应,货币需求仅仅取决于交易需求,也就是只和收入有关。从而,*LM* 曲线表现为垂直线。这是古典学派的观点,因此 *LM* 曲线垂直区域被称为古典区域。

在古典区域,由于 *LM* 曲线垂直,使得 *IS* 曲线无论怎样移动都不会影响到产出,如图 a 所示,因而此时的财政政策无效。而货币政策则是有效的,如图 b 所示,*LM* 曲线的移动会使产出增加或减少。

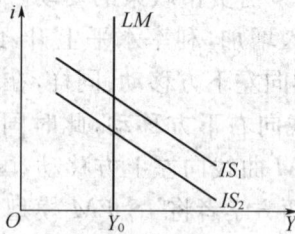

**图 a 财政政策在 *LM*
古典区域无效**

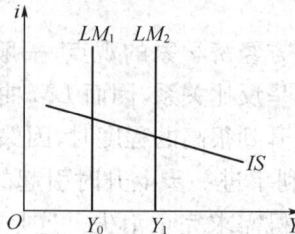

**图 b 货币政策在 *LM* 古典
区域十分有效**

在古典区域，投机的货币需求为零，此时扩张性货币政策会使得增加的货币全部用于购买债券，使得债券价格上升，利率大幅下降，而利率的大幅下降会导致投资的增加，投资增加又会导致产出增加。但是，如果采用扩张性财政政策，由于此时政府支出缺乏支撑交易需求的货币，将会导致利率大幅上升，从而对私人投资造成挤出效应，使得总需求仍然保持不变，产出也就不会增加。此时扩张性财政政策只会造成利率上升，而产出不变。如图 a 所示。因而，古典主义否定财政政策，而赞成货币政策。

凯恩斯主义认为，当利率非常低时，由于债券的价格已经上升到不能再涨的境地，利率不能再低的情况下，购买债券的风险已上升到非常高的水平，投机的货币需求无限大，此时增加的货币,会被投机货币需求完全吸收,而不会影响利率,因此货币政策无效。在这种情况下,*LM* 曲线呈水平线,政府支出增加引起的 *IS* 曲线的移动不会引起利率上升,此时的挤出效应不存在,因而扩张性财政政策效果最好。如图 c 所示,*IS* 曲线的移动将会使产出由 Y_1 增加至 Y_2。所以凯恩斯主义强调财政政策的作用,而否定货币政策的作用。

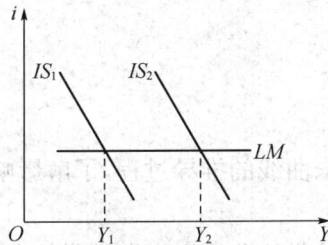

图 c　在凯恩斯区域财政政策非常有效

第五章 总需求与总供给模型

学习要点

1. 掌握总需求曲线的推导过程，了解影响总需求曲线移动的各种因素。
2. 理解长期总供给曲线和短期总供给曲线的特征。
3. 了解影响短期总供给曲线移动的各种因素。
4. 理解工资黏性模型的内容，了解影响工资黏性的原因。
5. 能够运用总需求-总供给模型分析实际 GDP 的波动，并掌握总需求冲击和总供给冲击的具体影响过程。

名词解释

1. 总需求
2. 有效需求
3. 总供给
4. 总需求冲击
5. 总供给冲击
6. 自动稳定器
7. 相机抉择
8. 短期、长期、超长期
9. 宏观经济均衡

简答题

1. 简述实际货币余额。
2. 简述总需求。
3. 简述短期总供给曲线。
4. 简述长期总供给曲线。
5. 简述总需求曲线发生平移的影响因素。
6. 简述长期总供给曲线发生平移的影响因素。
7. 简述短期总供给曲线发生平移的影响因素。
8. 解释短期总供给与长期总供给的差别及其形成原因。
9. 财政政策的内在稳定器为什么能稳定经济?
10. 总需求曲线的理论来源是什么?
11. 简述工资黏性的原因。

计算题

1. 总需求函数为 $Y_D = 3\,000 - P$,总供给函数为 $Y_S = 2\,000 + P$。
   (1) 求均衡产出与价格。
   (2) 总需求曲线向左平移 10%,新的均衡产出和价格如何变化?
   (3) 总供给曲线向右平移 10%,新的均衡产出和价格如何变化?

2. 已知某国的投资函数为 $I = 300 - 100i$,消费函数为 $C = 200 + 0.2Y$,货币需求为 $L = 0.1Y - 50i$,该国的货币供给量 $M = 250$,政府购买 $G = 100$。求该国的总需求函数。

3. 已知某经济体具有下述特征:消费 $C = 10 - 3P$,投资 $I = 20$,政府支出 $G = 15$,总供给 $Y = 5 + P$。
   (1) 求总需求曲线、均衡价格、均衡产量。
   (2) 如果政府支出增至 $G = 35$,求均衡价格和产量。
   (3) 如果总供给 $Y = 9$,求均衡价格和产量。

4. 已知某经济体存在以下特征：$C = 1\,400 + 0.6Y, I = 200 - 50i$，$G = 200, \dfrac{M_D}{P} = 0.4Y - 100i, M_S = 900$。

（1）求总需求函数。

（2）假定总供给函数为 $Y_S = 3\,350 + 400P$，求均衡收入和价格水平。

5. 某国的劳动力市场具有如下特征：劳动力需求方程 $L_D = 200 - 4W/P$，劳动力供给方程 $L_S = 100 + 2W/P$。

（1）求：均衡的实际工资和就业水平。

（2）若劳动力需求方程变为 $L_D = 190 - 4W/P$，均衡工资和就业量如何变化？

（3）解释工资下降幅度和就业量下降幅度不同的原因。

6. 已知某国（两部门经济体）的投资函数为 $I = 160 - 4i$，消费函数为 $C = 200 + 0.5Y$，货币需求为 $L = 0.5Y - 4i$，该国的货币供给量 $M = 120$。

（1）求该国的总需求函数。

（2）若 $P = 1$，均衡的收入和利率为多少？

（3）若总供给函数为 $Y = 170 + 150P$，求均衡收入和价格水平。

7. 某国经济总量生产函数为 $Y = 10\sqrt{L}$。

（1）求劳动力的需求函数。

（2）用实际工资表示产出。

（3）如果名义工资为 2，实际价格和预期价格水平均为 1，实际工资为 2，计算初始产出水平和充分就业的产出水平。

（4）按照工资黏性模型，假设名义工资固定在 $W = 2$，求总供给方程。

8. 某经济体具有如下特征：总需求曲线为 $Y = 700 + 0.5(M/P)$，总供给曲线为 $Y = 600(P - P^e) + 1\,000$，$P^e$ 为预期价格水平，假设初始均衡为 $P = P^e$。

（1）货币供给量从 600 增加到 720 且被预期到，计算均衡价格和产量如何变化？

（2）如果货币供给量在短期没有被预期到，均衡产量和价格会如何变化？长期的均衡价格和产量是多少？

论述题

1. 试述货币供给增加对产出与价格的影响。

2. 如果某国的消费减少，且减少的消费等量转化为投资的增加，试述其产生的影响。

3. 试分析总供给曲线在短期、中期、长期形状有何不同？

4. 假定政府支出增加，且在最初的产量水平上，税收增加，预算保持平衡。试分析：

（1）这种变化带来的影响。

（2）在凯恩斯体系中，该变化如何影响产出和价格。

（3）在古典体系中，该变化如何影响产出和价格。

5. 如果石油价格下跌，试分析中央银行应该采取什么样的货币政策？

问题一：简答题

（a）假设在一个封闭经济体中，中央银行调整货币供给，但保持利率 R 不变，推导此时 AD 曲线的形状，说明中央银行的政策会对 LM 曲线产生什么样的影响。

（b）假设企业投资几乎不取决于利率，这会使得 IS 曲线变得陡峭还是相对平坦？（在通常的图中纵轴表示利率，而横轴表示实际产出）

（c）古典经济学家和凯恩斯主义经济学家观点最大的不同在哪？

（d）通常，在坐标图中，纵轴表示实际工资而横轴表示就业人数。完全竞争厂商使用资本和劳动来制造产品。为什么竞争性的劳动需求函数一定是向下倾斜的？

问题二：科布—道格拉斯生产函数

考虑科布—道格拉斯生产函数：

$$Y = F(N, \overline{K}) = N^\varepsilon \overline{K}^{1-\varepsilon}, \quad 0 < \varepsilon < 1 \tag{5.1}$$

这里,Y 表示产出,N 是就业人数,而 $\overline{K}$ 表示资本存量。资本存量在短期内是固定的。

(a) 说明在商品市场是完全竞争的情况下参数 ε 与国民收入中工资的比重是一致的。

(b) 推导出短期总需求曲线。

(c) 劳动需求和商品供给对于工资的弹性分别是多少?

问题三:$AD-AS$ 模型

考虑这样一个经济:其代表性企业追求利润最大化,生产函数具有科布—道格拉斯形式:

$$Y = N^\alpha \overline{K}^{1-\alpha}, \quad 0 < \alpha < 1, \tag{5.2}$$

Y 是产出,N 是劳动供给,$\overline{K}$ 是资本存量(固定不变),而 α 是一个份额参数。该厂商最大化其短期利润 $\Pi = PY - WN$,其中 W 代表名义工资,P 是价格水平。

(a) 推导劳动需求曲线以及实际工资对于劳动需求的弹性(ε_D)的具体表达式。其偏导符号是否为正?(即如果实际工资率上升,劳动需求是否上升?)

(b) 在同一个经济中还存在一个最大化其效用 U 的消费者,U 与消费 C 正相关,与劳动供给 N 负相关。

$$U = C - \gamma \frac{N^{1+\sigma}}{1+\sigma}, \quad \gamma, \sigma > 0 \tag{5.3}$$

消费者不支付税收,不进行储蓄也不能借贷,因此他面临的预算约束为:

$$P^e C = WN \tag{5.4}$$

推导出劳动供给曲线以及期望实际工资对于劳动供给的弹性(ε_S)。收入效应和替代效应哪个更大一点?

(c) 画出总供给曲线

假设该经济体的需求方面(在均衡附近)由以下总需求曲线表示:

$$Y = \xi + \theta \frac{\overline{M}}{P} \qquad (5.5)$$

这里$\frac{M}{P}$表示实际货币供给。

(d) 解释θ的含义以及它的符号。

(e) 画图解释一次未预测到的货币冲击的短期(P^e 给定)及长期影响,假定适应性预期方程满足:

$$P_{t+1}^e = P_t^e + \lambda[P_t - P_t^e] \qquad (5.6)$$

该模型是否是稳定的? 如果消费者能够准确预测未来又会怎么样?

问题四:消费税

一个代表性家庭具有以下效用函数:

$$U = \ln\left(C - \gamma \frac{N^{1+\sigma}}{1+\sigma}\right) \qquad (5.7)$$

这里 U 是效用,C 是消费,N 是劳动供给,参数 γ 以及 σ 都为正。(圆括号中式子为正得到满足)家庭的预算约束为:

$$PC = WN + Z_0, \qquad (5.8)$$

这里 Z_0 外生的非劳动收入。竞争性的劳动需求为:

$$\ln N = \ln K_0 - \frac{1}{1-\alpha}[\ln(W/P) - \ln\alpha], \qquad (5.9)$$

这里 K_0 为外生的资本存量,而 α 是生产函数中劳动的效率参数($0 < \alpha < 1$)。

(a) 推导出劳动供给函数。

(b) 引入消费税 t_C,$(1+t_C)PC = WN + Z$。计算它对最优消费和劳动供给的影响。

(c) 什么样的生产函数会导致形如等式(5.9)那样的劳动需求函数?

(d) 假定劳动市场出清。计算(c) 部分引入的消费税对于就业和实际工资率的一般均衡效应。

问题五:税收归宿

假设我们将模型表示如下:

$$N^D = N^D(W/P, \overline{K}), \quad N^D_{W/P} = \frac{1}{F_{NN}} < 0, \quad N^D_K = -\frac{F_{NK}}{F_{NN}} > 0,$$

$$(5.10)$$

$$W/P = g(N^S), \quad g_N > 0, \tag{5.11}$$

$$[N \equiv] N^D = N^S, \tag{5.12}$$

在这里 N^D 是劳动需求,W 是名义工资,P 是价格水平,$\overline{K}$ 是资本存量,N^S 是劳动供给,而 N 是均衡时的就业水平。我们假定预期价格就等于实际价格($P^e = P$)并且劳动市场是均衡的。回答以下关于该模型的问题。尽量画图表示。

(a) 等式(5.11)中暗含的关于劳动供给中收入效应和替代效应的假设是什么? 直观地解释这些效应是怎样产生作用的。

(b) 假定政府要征收一种所谓的工资税(t_W),即一种加之于劳动雇佣者并与企业工资账单成正比的税收。因此,这种工资税的课税对象是企业对劳动力的使用。这种税收将代表性企业对利润的定义改变为:$\Pi \equiv PF(N, \overline{K}) - W(1+t_W)N$。解释工资税对劳动需求的影响。

(c) 论证工资税增加对就业(N)以及总实际工资(W/P)的影响。最终支付工资税的是谁? 企业还是作为劳动者的家庭?

(d) 在简单劳动力市场引入一种增值(消费)税(t_C)。解释就业(N)与总实际工资(W/P)会有什么变化? 谁最终支付税收?

(e) 参考问题(b) 至(d) 的答案分析昂贵的劳动环境改善所带来的影响。谁最终支付这些改善成本以及谁会从这些改善中得益?

问题六:凯恩斯模型

考虑一个封闭经济,该经济用以下等式表示:

$$Y = C + I + G, \tag{5.13}$$

$$C = C_0 + c(Y - T), \quad 0 < c < 1, \tag{5.14}$$

在这里 Y, C, I, G 和 T 分别表示产出、消费、投资、政府购买以及税收。C_0 代表消费中的外生部分,而 c 是边际消费倾向。假设价格固定不变,则 I, G 和 T 都是外生的。

(a) 回想一下 $Y = C + S + T$。推导储蓄恒等式,即与总收入及模型中其他参数有关的 S 的表达式。

(b) 推导一个均衡情况下包含储蓄恒等式的表达式。

(c) 通过计算 C_0 的减少对产出、储蓄和消费的影响,证明所谓的节俭悖论。为什么我们将这一现象称之为节俭"悖论"?

(d) 政府通过增税来支撑额外花费,(即 $dT = dG$),在这样的假定下计算政府购买的产出乘数即(dY/dG),直观地解释平衡预算乘数。

(e) 现在假定税收与产出正相关,即 $T = tY$,这里 t 是边际(也是平均)税率(假设 $0 < t < 1$)。

假定政府通过发行债券来支撑其额外花费,在这种情况下计算政府购买的产出乘数,dY/dG。这里得到的乘数比平衡预算乘数更大还是更小?说明消费及政府赤字($G - T$)会有什么变化?证明你的结果,同时直观地解释一下。

问题七:进口漏出

假设价格固定不变,则 I, G 和 T 是外生的。开放经济体由以下等式描述:

$$Y = C + I + G + X \tag{5.15}$$

$$C = C_0 + c(Y - T), \quad 0 < c < 1, \tag{5.16}$$

$$X = X_0 - mY, \quad 0 < m < 1, \tag{5.17}$$

这里 X 是净出口（出口减去进口），而 m 是进口商品和货物的边际倾向。净出口的外生部分由 X_0 表示。

(a) 求解模型中的内生变量（Y,C 和 X），将它们写成关于外生变量（I,G,C_0,X_0 和 T）以及参数（c 和 m）的表达式。这些就是所谓的产出、消费和净出口的简化表达式。

(b) 计算政府购买的产出乘数。进口倾向是增加还是减少这个乘数？直观地解释进口漏出的原因。

(c) 计算对外贸易 X_0 的增加对产出、消费和净出口的影响，直观地解释你得到的结果。

问题八：流动性陷阱

庇古是凯恩斯的同事但并不是他的好朋友。他拒绝承认所谓的流动性陷阱。他声称消费也与实际财富（A，代表"asset"）正相关，因此永远都不会掉入"流动性陷阱"。假设我们将消费函数写成 $C=C(Y-T, A)$（并有 $0<C_{Y-T}<1$ 和 $C_A>0$），同时若资产包括实际资本加上实际现金余额（$A=\overline{K}+M/P$）。说明庇古可能是正确的。画图说明庇古的观点。

问题九：有通胀的 *IS-LM-AS* 模型

我们可以为一个封闭经济建立以下的经典宏观模型：

$$Y = C(Y-T) + I(R-\pi) + G, \quad 0 < C_{Y-T} < 1, \quad I_{R-\pi} < 0, \tag{5.18}$$

$$M/P = l(Y,R), l_Y > 0, \quad l_R < 0 \tag{5.19}$$

$$N^D = N^D(W/P, \overline{K}), \tag{5.20}$$

$$W/P = g(N^S), \quad g_N > 0, \tag{5.21}$$

$$[N \equiv] N^D = N^S, \tag{5.22}$$

$$Y = F(N,K), \tag{5.23}$$

这里 Y 是总产出，C 是消费，T 是税收，I 是投资，R 是名义利率，π 是预期通货膨胀率，G 是政府消费，M 是货币供给，P 是价格水平，N 是劳动，而 W 是名义工资。Y，P，N，R 和 W 是内生变量，π，G 和 $\overline{K}$ 是外生变量。技术特征是规模报酬不变。

(a) 解释这些方程。

(b) 以下哪些是一个不利的供给冲击的后果？资本存量减少？价格水平下降？实际工资下降还是就业和产出减少？

(c) 为什么财政和货币政策对就业和产出没有影响？

(d) 财政以及货币的扩张会对价格水平和利率产生何种影响？

(e) 从古典学派的角度来看，需求管理政策会影响就业和产出吗？

参考答案

名词解释

1. 是整个经济社会在每一价格水平下对产品和劳务的需求总量，通常以产出水平来表示。它由消费需求、投资需求、政府需求和国外需求构成。

2. 与总产出一致的总需求。

3. 是整个经济社会在每一价格水平下提供的产品和劳务的总量。

4. 因总需求曲线的移动而导致实际 GDP 与潜在 GDP 发生偏离的状况。它是导致实际 GDP 围绕潜在 GDP 波动的一类原因。

5. 因总供给曲线的移动而导致实际 GDP 与潜在 GDP 发生偏离的状况。它是导致实际 GDP 围绕潜在 GDP 波动的另外一类原因。

6. 又称内在稳定器，指财政系统本身存在一种机制，可以在经济繁荣时抑制过热，在衰退时减轻萧条，从而减弱对国民经济的冲击。

7. 政策的制定者根据对经济形势的观察，提前对经济运行趋势进行预判，及时采取政策方面的行动，抹平经济波动，实现经济的稳定发展和增长。

8. 短期指生产要素的数量不发生变动。短期的各种价格都是黏性的，即价格会针对市场供求的变化逐步进行调整。极端情况是价格具有完全刚性。

   长期，通常假设价格具有完全的伸缩性，各个市场均能够保持出清，从而资源能够得以充分利用。长期的框架中，生产要素的数量也被视为固定的。

   超长期指生产者可以调整全部生产要素数量的情况。不仅价格具有伸缩性,资本、劳动、技术等要素也会发生改变。

9. 宏观经济均衡分为两类:长期宏观经济均衡和短期宏观经济均衡。当总需求曲线与长期总供给曲线相交时,称为长期宏观经济均衡。当总需求曲线与短期总供给曲线相交时,称为短期宏观经济均衡。

简答题

1. 答:

实际货币余额指按不变价格计量的货币余额的数量。它消除了通货膨胀或通货紧缩对名义货币数量的影响,其价值表现为能够购买的物品和服务的数量。实际货币余额等于名义货币量除以价格水平。

2. 答:

总需求指经济中对商品和劳务需求的总和。在一个封闭经济中,总需求是在产品价格既定水平上国内居民所需要的商品和服务总量。总需求曲线是向右下方倾斜的,因为价格上涨降低了实际货币余额的价值,从而使商品需求量减少。

3. 答:

短期总供给曲线表示社会供给方面的产量与价格水平之间的关系。忽略土地这一生产要素,总量生产函数包含劳动(就业量)和资本。在短期中一般假定资本存量不变,所以总量生产函数只存在一个自变量(就业量),而就业量的大小取决于实际工资(货币工资除以物价水平)。总量生产函数和劳动力市场的结合,就可以得到表示社会总供给方面的产量与价格水平之间关系的总供给曲线。由于短期存在工资黏性,实际工资改变导致就业量发生变化,从而产量发生变化。短期总供给曲线向右上方倾斜。

4. 答:

在长期,所有的价格都可以调整,所以劳动力的货币工资也可以调整,使得实际工资不发生变化,就业量也不发生改变,始终处于充分就业状态。所以当价格发生变化时,总产出不改变。长期供给曲线竖直向上。

5. 答:

导致总需求曲线平移的原因主要有以下三种:财政政策、货币政策、预期改变。扩张性财政政策(如政府购买支出增加或者减税)使总需求曲线向右平移,紧缩性财政政策使总需求曲线向左平移。扩张性货币政策(如货币供给增加)使总需求曲线向右平移,紧缩性货币政策使总需求曲线向左平移。对未来好的预期会使总需求曲线向右平移,对未来坏的预期则使总需求曲线向左平移。

6. 答:

导致长期总供给曲线平移的原因主要有以下三种:劳动量的改变、资本量的改变、技术状态的改变(技术进步)。劳动量增加,社会的充分就业量必然增加,潜在 GDP 就会增加,长期总供给曲线向右平移。劳动量减少,则长期总供给曲线向左平移。资本量增加会使得总量生产函数向上平移,这使得一定的就业量所对应的产出水平增加,潜在 GDP 增加,长期总供给曲线向右平移。资本量减少会使得长期总供给曲线向左平移。技术进步可以分为基础性技术进步和技术改进。基础性技术进步带来整个生产方式的革新,它要在较长的时期才能使潜在 GDP 上升,技术改进则可以在较短的时期带来产出的增加。技术进步使长期总供给曲线向右平移。

7. 答:

预期价格水平及充分就业的变化会使得短期总供给曲线发生平移。如果预期价格水平上升,则工人名义工资增多,名义工资增多使得一定的价格水平所对应的实际工资增加,企业减少劳动雇佣,从而产出减少。即预期价格上升会使短期总供给曲线向左平移,预期价格下降则会使短期总供给曲线向右平移。

当劳动、资本、技术的改变使充分就业产出水平发生改变时,不仅会影响长期总供给曲线,还会使得短期总供给改变,短期总供给曲线发生平移。

8. 答:

长期总供给由经济中的资本、劳动以及技术水平等实际方面的因素决定,一般价格水平并不会对长期总供给产生影响。而短期总供给与价格水平相关,随着价格的上涨,对产品与服务的供给增大。形成差别的原因如下:长期总供给中,工资具有完全伸缩性,名义工资跟随价格水平调整,实际工资不变,劳动力市场得以出清,就业量不发生改变,所以总供给曲线竖直向上。短期总供给中,工资具有黏性,实际工资发生改变,劳动就业量发生改变,总产出发生改变,所以短期总供给随着价格的变化而变化。

9. 答:

财政政策的内在稳定器主要有:累进税、社会福利支出和农产品维持价格。内在稳定器的注入量使国民收入逆方向变化,漏出量与国民收入同方向变化,所以在一定程度上对经济的波动起着缓解的作用。

10. 答:

总需求是整个社会对产出的需求总量,包括消费需求、投资需求、政府需求和国外需求。总需求量受到政府支出、税收、预期未来收入、预期未来资本边际生产力和价格等因素的影响,其中价格水平是最重要的因素。为了说明价格水平对总需求量的影响,引入了总需求曲线的概念,即总需求量与价格水平之间的关系。在凯恩斯体系中,总需求曲线的理论来源主要由产品市场均衡理论和货币市场均衡理论来反映。

11. 答:

(1) 工人存在货币幻觉。

(2) 名义工资下降存在刚性可能。

(3) 协调问题。

（4）效率工资理论。

计算题

1. 解：

（1）根据 $Y_S = Y_D$ 有：

$$2\,000 + P = 3\,000 - P$$

$$P = 500, Y_D = Y_S = 2\,500$$

均衡产出为 $2\,500$，均衡价格为 500。

（2）总需求曲线向左平移 10%，则总需求方程变为：

$$Y_D = 2\,700 - P$$

根据 $Y_S = Y_D$ 有：

$$2\,000 + P = 2\,700 - P$$

得：$P = 350, Y_D = Y_S = 2\,350$

均衡价格下降了 150，产出下降了 150。

（3）总供给曲线向右平移 10%，则总供给方程变为

$$Y_S = 2\,200 + P$$

根据 $Y_S = Y_D$ 有：

$$2\,200 + P = 3\,000 - P$$

得：$P = 400, Y_D = Y_S = 2\,600$

均衡价格下降了 100，产出增加了 100。

2. 解：

由题意有：

$$Y = C + I + G$$

$$Y = 200 + 0.2Y + 300 - 100i + 100 \tag{5.24}$$

又：$\dfrac{M}{P} = L(i)$

即：$\dfrac{250}{P} = 0.1Y - 50i \tag{5.25}$

联立式(5.24)和式(5.25)得总需求函数为：

$$Y = \frac{500}{P} + 600$$

3. 解：

  (1) 由题意有：

    $Y_D = C + I + G = 10 - 3P + 20 + 15$

    总需求曲线：$Y_D = 45 - 3P$

    根据 $Y_S = Y_D$ 有：

    $5 + P = 45 - 3P$

    得：$P = 10, Y_D = Y_S = 15$

  (2) 总需求曲线：$Y_D = C + I + G = 10 - 3P + 20 + 35 = 65 - 3P$

    根据 $Y_S = Y_D$ 有：

    $5 + P = 65 - 3P$

    得：$P = 15, Y_D = Y_S = 20$

  (3) 根据 $Y_S = Y_D$ 有：

    $9 = 45 - 3P$

    得：$P = 12, Y_D = Y_S = 9$

4. 解：

  (1) $Y = C + I + G = 1\,400 + 0.6Y + 200 - 50i + 200 = 1\,800 + 0.6Y - 50i$

    IS 曲线方程：$Y = 4\,500 - 125i$

    由 $\dfrac{M_D}{P} = 0.4Y - 100i$ 得名义货币需求为：$M_D = (0.4Y - 100i)P$

    货币市场均衡：$900 = (0.4Y - 100i)P$

    LM 曲线方程：$i = 0.004Y - \dfrac{9}{P}$

    联立 IS 曲线方程和 LM 曲线方程得总需求函数：

    $Y = 3\,000 + \dfrac{750}{P}$

  (2) 总供给等于总需求，即 $3\,000 + \dfrac{750}{P} = 3\,350 + 400P$

得：$P = 1, Y = 3\,750$

5. 解：

（1）劳动力市场均衡，劳动力需求等于劳动力供给，有：

$220 - 4W/P = 100 + 2W/P$

$W/P = 20, L_D = L_S = 140$

均衡的实际工资为 20，就业量为 140。

（2）$190 - 4W/P = 100 + 2W/P$

$W/P = 15, L_D = L_S = 130$

均衡工资变为 15，均衡就业量变为 130。

（3）工资变化幅度：$(15 - 20)/20 = -25\%$

就业量变化幅度：$(130 - 140)/140 = -7.14\%$

就业量的变化幅度小于工资变化幅度，原因在于劳动供给曲线的弹性相对较小，劳动供给量对价格变化的反应迟钝。

6. 解：

（1）$S = Y - C = 0.5Y - 200$

由 $I = S$ 有：$160 - 4i = 0.5Y - 200$

IS 曲线为：$Y = 360 - 4i$

LM 曲线为：$\dfrac{120}{P} = 0.5Y - 4i$

联立 IS 曲线和 LM 曲线得总需求函数：$Y = 240 + \dfrac{80}{P}$

（2）若 $P = 1$，则：$Y = 320, i = 10$

（3）$170 + 150P = 240 + \dfrac{80}{P}$

解得：$P = 1, Y = 320$

7. 解：

（1）劳动的边际产量为：$MP_L = \dfrac{\mathrm{d}Y}{\mathrm{d}L} = \dfrac{5}{\sqrt{L}}$

劳动的实际工资等于劳动的边际产量：$W/P = MP_L = $

$5/\sqrt{L}$

劳动的需求函数为:$L = 25/(W/P)^2$

(2) $Y = 10\sqrt{L} = 10\sqrt{25/(W/P)^2}$

产出可用实际工资表示为:$Y = 50/(W/P)$

(3) 初始生产函数:$Y = 50/(W/P) = 50/(2/1) = 25$

由于实际价格等于预期价格,所以经济处于充分就业,充分就业产出就等于初始产出,即 $Y = 25$

(4) 将 $W = 2$ 带入 $Y = 50/(W/P)$ 得:$Y = 25P$

名义工资固定在 2 时,总供给曲线为:$Y = 25P$

8. 解:

(1) 初始均衡:$P = P^e$ 时,$Y_0 = 1\,000, M_0 = 600, P_0 = 1$

货币供给量增加被预期到,预期价格将等于实际价格,对产出不会产生效应,所以:

$Y_1 = Y_0 = 1\,000, M_1 = 720, P_1 = 1.2$

(2) 如果货币供给量增加在短期没有被预期到,则会导致总需求曲线向右移,总需求增加,而总供给不变,使得均衡产量和价格都增加。长期情况下,货币供给量增加被预期到,则均衡产量不变,$Y_1 = Y_0 = 1\,000$,价格变为:$P_1 = 1.2$

论述题

1. 答:

货币供给增加,会导致总需求增加,但其短期效应和长期效应不一样。

就短期来说,由于价格不具有伸缩性,经济会沿着短期总供给曲线从 A 点移动到 B 点,产出会增加到 Y_2,高于潜在水平产量 $\overline{Y}$,经济处于扩张期。

就长期来说,总需求的增加最终会引起价格和工资的上涨,随着价格的上涨,经济将会沿着新的总需求曲线从 B 点移动到 C 点。在 C 点,产出位于潜在产出水平,而价格却高于初始均衡点 A 的水平。所以长期来说,货币供给的增加只会导致价格的上涨而产出水平不变。

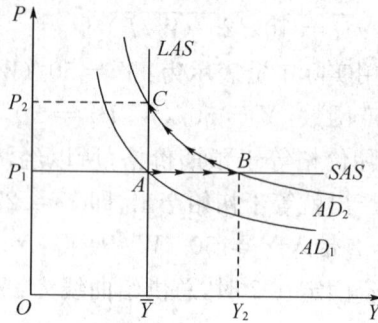

2. 答:

总需求由消费、投资、政府支出构成,消费的减少等量转化为投资的增加,所以总需求不变。

短期来看,由于一国的资本存量不变,所以总供给不变。短期内的这种变化对价格、产量、均衡工资水平不会有什么影响。

长期,投资会形成资本,导致资本存量的增加,从而提高劳动生产率,对劳动的需求会增加,导致实际工资上涨。同时提高了就业人数,产出会增加。供给曲线会向右移动,均衡价格下降。

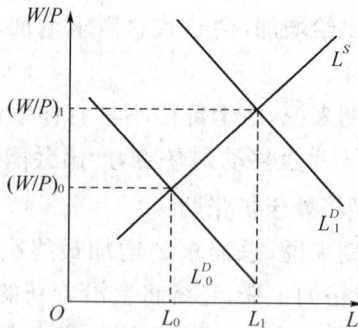

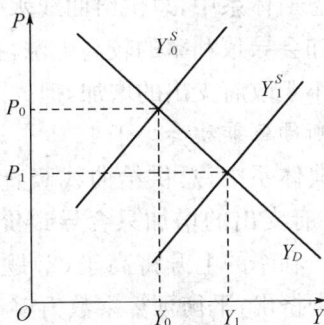

P↑
Y_0^S
Y_1^S
P_0
P_1
Y_D
O　　Y_0　Y_1　Y

3. 答：

　　总供给曲线反映了在每一价格水平下，整个社会愿意提供的产品和服务的总量。

　　在短期，产品价格刚性，厂商在固定价格水平下可以提供大量产品而不会引起原材料价格的上涨，成本不会上升，所以短期总供给曲线是水平的（凯恩斯供给曲线）。

　　在长期，工资和物价都具有充分伸缩性，名义工资与物价按同比例、同方向变动，实际工资不变，劳动就业量不变，产量将保持在充分就业水平。因此，长期总供给曲线是一条竖直向上的直线。

　　就中期来说，名义工资和价格都在调整，且调整的幅度是不一致的，所以造成了实际工资的变动，劳动就业量也会发生改变，导致产出发生改变。当产品价格上涨时，实际产出会增加，所以供给曲线向右上方倾斜。

4. 答：

（1）政府支出和税收同时增加，虽然预算保持平衡，但是总需求会增加，总需求曲线向右平移。若总供给曲线向右上方倾斜，产量的增加将小于政府支出的增加，平衡预算乘数小于 1。因为政府支出增加的一部分会因为较高的价格水平、较少实际货币余额和利率的上升被挤出。

(2) 在凯恩斯体系中,总供给曲线水平,价格刚性,则政府支出的增加会导致利率的较高上涨,挤出投资增加。产量的增加将小于政府支出的增加,但大于(1)题中产量的增加,所以平衡预算乘数会小于1。

(3) 在古典体系中,总供给曲线竖直向上,则产出不会发生变化,政府支出的增加只会导致价格的上涨,实际货币余额下降。利率的上升将高于(2)题中利率的上升,导致投资被完全挤出,平衡预算乘数为零。

5. 答:

石油作为一种重要的生产原料,其价格下降导致生产成本下降、总供给曲线右移、供给过度、商品价格下跌、实际货币供给增加、利率下降、投资增加,产出增加。

中央银行可通过货币政策影响总需求来进行调节。减少货币供给量将导致利率上升、投资减少、总需求曲线左移、商品价格下跌、产出下降。产出回到充分就业水平,价格和利率都下降。

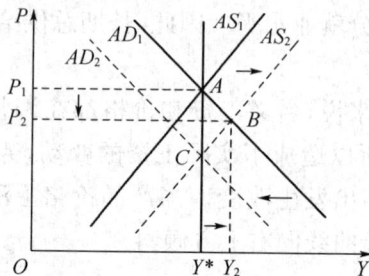

问题一:简答题

(a) 实际的 LM 曲线是在利率 R_0 处的一条水平线。AD 曲线是垂直的,即不依赖于价格水平,参见图 a。

(b) IS 曲线描述了商品市场的均衡:$Y=C(Y)+I(R)+G$. 全微分给出了 IS 曲线的斜率(纵轴为 R 同时保持 G 不变):

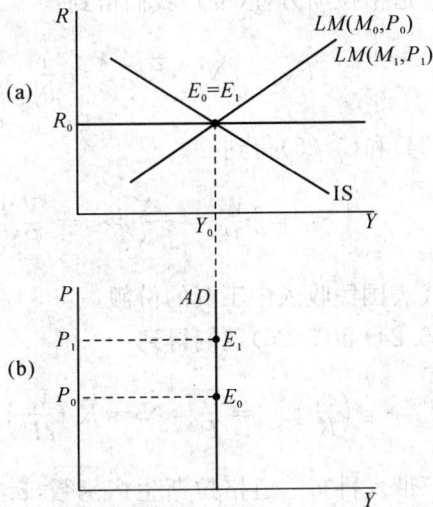

图 a　不变利率下 *AD* 的推导

$$dY = C_Y dY + I_R dR \Rightarrow [1 - C_Y] dY = I_R dR \Rightarrow \frac{dR}{dY} = \frac{1 - C_Y}{I_R}$$

如果投资对利率很不敏感,那么 I_R 就会很小,则 dR/dY 很大而且 *IS* 曲线近乎垂直(非常陡峭)。

(c) 他们对两个问题的回答是不同的:(a) 政府能够影响经济,(b) 政府应该使经济稳定发展。古典经济学家认为(a) 有可能,但(b) 不行。凯恩斯主义者认为(a) 对,(b) 也对。

(d) 竞争性的劳动需求函数有以下的形式:$W/P = F_N(N, K)$。在空间$(W/P, N)$中向下倾斜因为劳动投入的收益是不断递减的,$F_{NN}(N, K) < 0$。

问题二:科布—道格拉斯生产函数

(a) 在完全竞争的环境下而且代表性企业雇佣劳动直到劳动的边际产品价值与名义工资相等:

$$PF_N = W \qquad (5.24)$$

从科布—道格拉斯方程(5.1)我们得到：

$$F_N = \varepsilon N^{\varepsilon-1} \overline{K}^{1-\varepsilon} = \varepsilon \frac{Y}{N}。 \tag{5.25}$$

结合(5.24)和(5.25)得到：

$$[F_N =] \frac{W}{P} = \varepsilon \frac{Y}{N} \Rightarrow \varepsilon = \frac{WN}{PY}。 \tag{5.26}$$

因此，ε 代表国民收入中工资的份额。

(b) 由方程(5.24)和(5.25)我们得到：

$$\varepsilon \left(\frac{N}{K}\right)^{\varepsilon-1} = \frac{W}{P} \Rightarrow N = \overline{K} \left(\frac{W}{\varepsilon P}\right)^{\frac{1}{\varepsilon-1}}。 \tag{5.27}$$

将(5.27)带入科布—道格拉斯生产函数(5.1)我们得到短期的商品供给：

$$Y = N^{\varepsilon} \overline{K}^{1-\varepsilon} = \left[\overline{K} \left(\frac{W}{\varepsilon P}\right)^{\frac{1}{\varepsilon-1}}\right]^{\varepsilon} \overline{K}^{1-\varepsilon} \Rightarrow Y = \overline{K} \left(\frac{W}{\varepsilon P}\right)^{\frac{\varepsilon}{\varepsilon-1}}。$$
$$\tag{5.28}$$

$$\frac{dN}{N} = \frac{d\overline{K}}{\overline{K}} - \frac{1}{1-\varepsilon}\left[\frac{dW}{W} - \frac{dP}{P}\right],$$

$$\frac{dY}{Y} = \frac{d\overline{K}}{\overline{K}} - \frac{\varepsilon}{1-\varepsilon}\left[\frac{dW}{W} - \frac{dP}{P}\right]。$$

$$\frac{d\overline{K}}{\overline{K}} = 0 \Rightarrow \frac{dN}{N} / \frac{d(W/P)}{(W/P)} = \left|-\frac{1}{1-\varepsilon}\right| \Rightarrow \frac{dY}{Y} / \frac{d(W/P)}{(W/P)}$$

$$= \left|-\frac{\varepsilon}{1-\varepsilon}\right|$$

劳动需求以及商品供给的弹性对于工资的弹性分别是 $1/1-\varepsilon$ 和 $\varepsilon/1-\varepsilon$ 的绝对值。

问题三：$AS-AD$ 模型

(a) 通过令劳动边际生产率与实际工资率相等可以得到劳动需求

曲线：

$$F_N(N,\overline{K}) = W/P \Rightarrow \alpha \left[\overline{K}/N\right]^{1-\alpha} = W/P \Rightarrow$$

$$N = \overline{K}\left[\frac{W}{\alpha P}\right]^{\frac{1}{\alpha-1}} \tag{5.29}$$

劳动需求的实际工资弹性是：

$$\varepsilon_D = -\frac{W/P}{N}\frac{\partial N}{\partial(W/P)}$$

将劳动需求方程(5.29)对 W/P 求导得到：

$$\frac{\partial N}{\partial(W/P)} = -\frac{1}{1-\alpha}\frac{N}{W/P} \Rightarrow \varepsilon_D = \frac{1}{\alpha-1}。$$

因为 $0<\alpha<1$，实际工资弹性总是负的(实际工资上升，劳动需求下降)。

(b) 将 $C=WN/P^e$ 代入效用方程(5.26)并且对 N 求导，令一阶条件为 0 我们就能得到劳动供给方程：

$$\frac{\partial U}{\partial N} = 0: \gamma N^\sigma = W/P^e \Rightarrow W/P = \gamma\frac{P^e}{P}N^\sigma \tag{5.30}$$

劳动供给的实际工资弹性为：

$$\varepsilon_S = \frac{W/P}{N}\frac{\partial N}{\partial(W/P)}$$

将劳动供给方程(5.30)对 W/P 求导我们得到：

$$\frac{\partial N}{\partial(W/P)} = \frac{1}{\sigma}\frac{N}{W/P} \Rightarrow \varepsilon_S = \frac{1}{\sigma} > 0$$

替代效应超过了收入效应。

(c) 将劳动供给方程(5.30)中的 W/P 表达式代入劳动需求方程(5.29)：

$$N = \overline{K}\left[\frac{\gamma}{\alpha}\frac{P^e}{P}N^\sigma\right]^{\frac{1}{\alpha-1}} \Rightarrow N = \left[\frac{\alpha}{\gamma}\frac{P}{P^e}\overline{K}^{1-\alpha}\right]^{\frac{1}{1-\alpha+\sigma}}$$

这就是 N 与 P 的关系。我们可以看出，如果 P 上升，N 上升。将均衡水平的劳动代入生产函数，且所有的计算都正确，我们就会得到总供给曲线：

$$Y = B\left(\frac{P}{P^e}\right)^\delta \tag{5.31}$$

其中：

$$\delta \equiv \frac{\alpha}{1-\alpha+\sigma}, \beta \equiv \alpha\left[\frac{1-\alpha}{1-\alpha+\sigma} + \frac{1-\alpha}{\alpha}\right], B \equiv \left[\frac{\alpha}{\gamma}\right]^\delta \overline{K}^\beta$$

(d) θ 是实际货币供给增加一单位时总需求的变动：从 IS—LM 模型我们可以知道 θ 肯定是正的（LM 曲线向右移动）。

(e) 见图 b。AD 曲线向右移动，家庭正惊讶于这个冲击因而还未

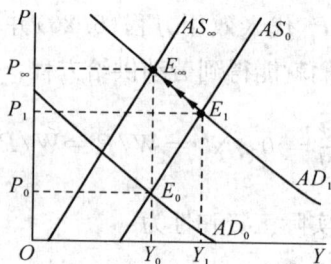

图 b 适应性预期情况下货币扩张的影响

调整他们的预期价格水平，AS 曲线保持不变。P 和 Y 从 P_0 增至 P_1，Y_0 增至 Y_1。接下来家庭基于之前的预期误差开始调整他们的预期，AS 曲线缓慢向左移动直到新的均衡点 E_∞。模型是稳定的。如果人们具备完美的预测能力，他们总是提供恰当数量的劳动，因此 AS 曲线是垂直的而价格会瞬间跳至新的均衡点 E_∞。

问题四:消费税

(a) 在这里我们使用代入法。(不要用拉格朗日法,它会使问题变得更复杂)将(5.31)代入(5.30),转变效用函数($\hat{U}=e^{U}$)我们就会得到更简单的效用函数:

$$\hat{U} = (W/P)N + Z_0 - \gamma \frac{N^{1+\sigma}}{1+\sigma}$$

对 N 求导可得劳动供给方程:

$$\frac{\partial U}{\partial N} = 0 : N = \left[\frac{W/P}{\gamma}\right]^{\frac{1}{\sigma}}$$

(b) 效用函数(5.30)不变,新的预算约束为:

$$(1+t_C)PC = wN + Z_0 \Rightarrow C = \frac{(W/P)N + Z_0}{1+t_C} \tag{5.32}$$

将(5.32)代入效用函数(5.30)同时转换效用函数得到:

$$\hat{U} = \frac{(W/P)N + Z_0}{1+t_C} - \gamma \frac{N^{1+\sigma}}{1+\sigma}$$

对 N 求导从而得到新的劳动供给方程:

$$\frac{\partial U}{\partial N} = 0 : N = \left[\frac{W/P}{(1+t_C)\gamma}\right]^{\frac{1}{\sigma}} \tag{5.33}$$

将(5.33)代入预算约束(5.32)得到最优消费:

$$C = \gamma \left[\frac{W/P}{(1+t_C)\gamma}\right]^{\frac{\sigma+1}{\sigma}} + \frac{Z_0}{1+t_C} \tag{5.34}$$

一个更高的消费税不仅会降低劳动供给还会降低消费。在劳动供给决策中显然替代效应比收入效应要大。正式的证明:分别对劳动供给(5.33)和最优消费函数(5.34)进行微分得到:

$$\frac{\partial N^S}{\partial t_C} = -\frac{\gamma}{\sigma(W/P)}\left[\frac{W/P}{(1+t_C)\gamma}\right]^{\frac{1+\sigma}{\sigma}} < 0$$

$$\frac{\partial C}{\partial t_C} = -\frac{\gamma^2(\sigma+1)}{\sigma(W/P)}\left[\frac{W/P}{(1+t_C)\gamma}\right]^{\frac{2\sigma+1}{\sigma}} - \frac{Z_0}{(1+t_C)^2} < 0$$

（c）一个科布—道格拉斯生产函数。企业的问题是：

$$\max_{\{N\}}\Pi = PY - WN \quad s.t. \quad Y = N^\alpha K_0^{1-\alpha}$$

代入得：

$$\max_{\{N\}}\Pi = PN^\alpha K_0^{1-\alpha} - WN$$

一阶条件就是劳动需求方程：

$$\alpha N^{\alpha-1}K^{1-\alpha} = \frac{W}{P} \Rightarrow N^{\alpha-1} = \frac{W}{\alpha K^{1-\alpha}} \Rightarrow N = \left[\frac{\alpha K^{1-\alpha}}{W}\right]^{\frac{1}{1-\alpha}} = K\left[\frac{\alpha}{W}\right]^{\frac{1}{1-\alpha}}$$

两边求自然对数得：

$$\ln\alpha - (1-\alpha)[\ln N - \ln K_0] = \ln(W/P)$$

改写即得到劳动需求方程。

（d）令劳动需求（5.32）和供给（5.33）相等得到：

$$\left[\frac{w}{(1+t_C)\gamma}\right]^{1/\sigma} = K\left[\frac{\alpha}{w}\right]^{\frac{1}{1-\alpha}}$$

变形得：

$$w = (1+t_C)^{\frac{1-\alpha}{1-\alpha+\sigma}}B \quad \text{且} \quad B = \left[\gamma K^\sigma \alpha^{\frac{\sigma}{1-\alpha}}\right]^{\frac{1-\alpha}{1-\alpha+\sigma}}$$

求导得：

$$\frac{\partial w}{\partial t_C} = B\frac{1-\alpha}{1-\alpha+\sigma}(1+t_C)^{\frac{\sigma}{1-\alpha+\sigma}} > 0$$

将 w 的表达式代入劳动供给表达式，我们发现：

$$N = \left(\frac{B(1+t_C)^{\frac{1-\alpha}{1-\alpha+\sigma}}}{(1+t_C)\gamma}\right)^{1/\sigma} = \left(\frac{B}{\gamma}\right)^{1/\sigma}(1+t_C)^{\frac{-1}{1-\alpha+\sigma}},$$

由这个式子立刻得到:

$$\frac{\partial N}{\partial t_C} < 0$$

问题五:税收问题

(a) 假设替代效应(SE)大于收入效应(IE),SE:如果W/P上升,相对于消费来说,闲暇更贵了,居民消费更少的闲暇,提供更多的劳务。IE:如果W/P上升,时间禀赋的价值上升,人们更富有。因为闲暇是正常品(就像一般消费品),人们消费的多,则劳动供给就会减少。

(b) 厂商根据短期利润最大化原则决定劳动需求,用经济数学术语表达,即为:

$$\frac{d\Pi}{dN} = PF_N(N, \overline{K}) - W(1 + t_w) = 0$$
$$\Rightarrow F_N(N^D, \overline{K}) = (1 + t_w)(W/P),$$

其中$w \equiv W/P$是总的实际工资。这个方程是对劳动真实的需求反应。保持$\overline{K}$和w不变,对N^D和t_w微分,可得:

$$F_{NN}dN^D = (W/P)dt_w \Rightarrow \frac{dN^D}{dt_w} = \frac{(W/P)}{F_N N} < 0$$

其中,不等号因为$F_N N < 0$。对于给定的实际工资,$t_w \uparrow$导致需求曲线左移,见图 c。

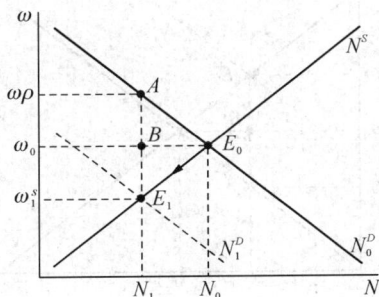

图 c　工资税的影响

(c) 从图 c 易得，均衡处的就业数和总的实际工资水平都下降了。初始均衡点 E_0，新均衡点 E_1。在 E_0 处，有 $g(N_0)=(W/P)_0=F_N(N_0,\overline{K})$，而在 E_1 处有 $g(N_1)=(W/P)_1^s$，$F_N(N_1,\overline{K})=(1+t_w)(W/P)_1^s=(W/P)_1^D$。居民和厂商最终都得付部分税收。对居民而言初始真实工资是 $(W/P)_0$，下降到 $(W/P)_1^s$，$(W/P)_0-(W/P)_1^s$ 之间的差是居民变相交的税，见图中线段 E_1B。对厂商而言，初始实际工资为 w_0，但含税后变为 $(W/P)_1^D=(1+t_w)(W/P)_1^s$。对厂商而言，隐性纳税为 $(W/P)_1^D-(W/P)_0$，即图中线段 AB。

(d) 增值税是对消费的劳动者(劳动者是劳动力的提供者)征税。居民最大化有：

$$\max U \equiv U(C,1-N^s) \text{ 约束条件为}(1+t_C)PC=WN^s$$

一阶条件为 $\dfrac{U_{1-N}}{U_C}=\dfrac{(W/P)}{1+t_C}\equiv w_C$

其他条件不变的情况下，实际工资 (W/P)，也即消费者工资随着 t_C 的上升而下降，如果替代效应 SE 相对收入效应 IE 占主导地位，则 t_C 的上升导致劳动供给减少。均衡处就业量下降，实际工资 W/P 上升。增值税部分由居民(线段 AB)和厂商共同承担支付(线段 BE_1)

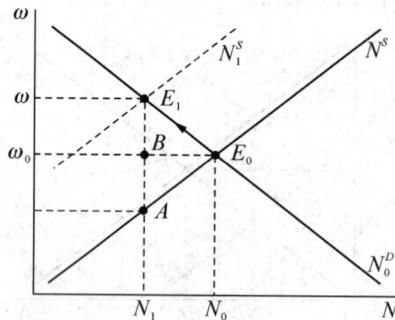

图 d 附加税的效果

(e) 强制性的劳工环境的改善会额外增加厂商成本。这也可以看成是工资税,它增加了每个工人的成本同时工人没有得到更高的工资。由章节 b 和 c,劳动需求曲线下移,均衡就业量和工资都下降,对于这个"税",工人和厂商共同支付改善的费用。如果改善的条件提高了生产率,劳动需求曲线会回移一点,部分补偿了初始冲击。

问题六:凯恩斯交叉模型

(a) 由题设信息可得:

$$
\begin{aligned}
S &= Y - C - T \\
&= (Y-T) - C_0 - c(Y-T) \\
&= (1-c)(Y-T) - C_0
\end{aligned} \tag{5.35}
$$

其中 $1-c$ 表示可支配收入中储蓄的份额,(5.35)两边同时加 T,可得下述表达式:

$$
\begin{aligned}
S + T &= (1-c)(Y-T) - C_0 + T \\
&= (1-c)Y + cT - C_0
\end{aligned} \tag{5.36}
$$

(b) 由 $Y = C + I + G = C + S + T$,第二个等式意味着均衡条件可改写为:

$$
I + G = S + T \tag{5.37}
$$

等式左边是外生的,而等式右边由(5.36)知其依赖于 Y.

(c) 节俭的悖论:私人部门外生的节俭程度的增加会导致收入下降,而储蓄不变。传统认为,节俭是美德,但却会给经济带来负面效应。模型中 S 的增加会导致 C_0 的减少,联立(5.36)—(5.37),均衡条件可以写成:

$$
I + G = (1-c)Y + cT - C_0 \tag{5.38}
$$

等式(5.38)两边同时对 C_0 微分(假定 I, G, T 都是外生给定),可得:

$$0 = (1-c)\frac{dY}{dC_0} - 1 \Rightarrow \frac{dY}{dC_0} = \frac{1}{(1-c)} > 1 \quad (5.39)$$

又由(A1.12)可得：

$$\frac{dS}{dC_0} = (1-c)\frac{dY}{dC_0} - 1$$

$$= (1-c)\frac{1}{(1-c)} - 1 = 0 \quad (5.40)$$

其中,利用了(5.39)的结论。因而上述可得,C_0 下降导致 Y 下降但储蓄 S 却维持不变。节俭的悖论见图 e。

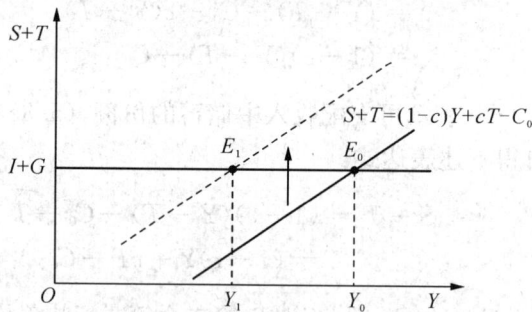

图 e　节俭的悖论

表 a　乘数产生过程

乘数效应的轮数	对 C 的影响	对 Y 的影响
1	$-cdG$	$(1-c)dG$
2	cdY_1	cdY_1
3	cdY_2	cdY_2
⋮	⋮	⋮
n	cdY_{n-1}	cdY_{n-1}
总和	dC^n	dY^n

（d）计算平衡预算乘数，将式（5.37）带入（5.36），可得：

$$Y = C_0 + c(Y - T) + I + G \Rightarrow Y = \frac{C_0 - cT + I + G}{1 - c}$$

（5.41）

将（5.41）式微分可得：

$$dY = \frac{-cdT + dG}{1 - c} = \frac{-cdG + dG}{1 - c}$$

$$= dG \Rightarrow \left(\frac{dY}{dG}\right)_{dG=dT} = 1$$

（5.42）

上面等式暗含平衡预算约束，$dT = dG$，从而得到（5.42）中下面的式子。为了厘清消费如何变化，对式（5.37）中 G 微分：

$$\left(\frac{dY}{dG}\right)_{dG=dT} = c\left[\left(\frac{dY}{dG}\right)_{dG=dT} - \frac{dT}{dG}\right]$$

$$= c[1 - 1] = 0$$

（5.43）

其中（5.43）的推导用到了（5.42）和等式 $dT = dG$。

平衡预算乘数背后隐含的经济学原因可以通过追溯乘数产生过程，详见表 a，显示了乘数产生的不同阶段。

在乘数阶段 1，消费下降（由于附加的税额）但收入上升（因为私人消费下降 cdG 但公共消费增加 dG）。阶段 2 产出的增加（从而收入增加）刺激消费增加 cdY_1，其中 dY_1 是在阶段 1 的收入变化。反过来，又会刺激阶段 2 的收入增加。N 次阶段以后，累计加总表 a 第二列的消费变化，可得：

$$dC^n \equiv \sum_{i=1}^{n} dC_i = -cdG + cdY_1 + c^2 dY_1 + c^3 dY_1 + \cdots + c^{n-1} dY$$

$$= -cdG + [c + c^2 + \cdots + c^{n-1}](1 - c)dG$$

$$= -cdG - (1 - c)dG + [1 + c + c^2 + \cdots + c^{n-1}](1 - c)dG$$

$$= -dG + [1 + c + c^2 + \cdots + c^{n-1}](1 - c)dG \qquad (5.44)$$

令 n 趋于无穷大,等式右侧方括号里收敛于 $1/(1-c)$,故得:

$$\lim_{n \to \infty} dC^n = -dG + \frac{1}{(1-c)}(1-c)dG = 0 \qquad (5.45)$$

式(5.45)也即是在式(5.43)中分析出来的结果。相同的处理方式,可以得出 N 次以后的产出效应:

$$dY^n \equiv \sum_{i=1}^{n} dY_i = (1-c)dG + cdY_1 + c^2 dY_1 + c^3 dY_1 + \cdots$$
$$+ c^{n-1}dY$$
$$= (1-c)dG + [c + c^2 + \cdots + c^{n-1}](1-c)dG$$
$$= [1 + c + c^2 + \cdots + c^{n-1}](1-c)dG \qquad (5.46)$$

令 $n \to \infty$,得:

$$\lim_{n \to \infty} dY^n = \frac{1}{(1-c)}(1-c)dG = 1 \qquad (5.47)$$

这又证明了式(5.42)中的结果。图 f 展示了平衡预算乘数。初始点 E_0,变动后均衡点 E_1,图中虚折线代表乘数产生的过程。

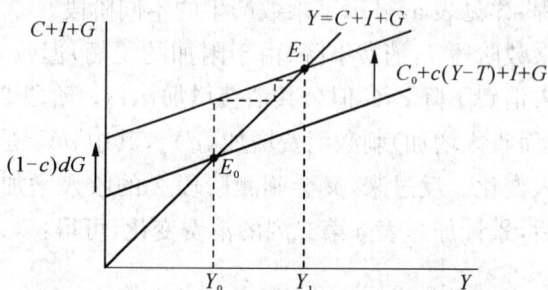

图 f 平衡预算乘数

(e) 在新税制下,$T = tY$,在方程(5.37)与结果表达式(5.36)联合,可得:

$$Y = C_0 + c(Y - tY) + I + G \Rightarrow Y = \frac{C_0 + I + G}{I - c(1 - t)}$$

$$(5.48)$$

计算消费,可得:

$$C = C_0 + c(1 - t)Y$$

$$= C_0 + c(1 - t)\frac{C_0 + I + G}{I - c(1 - t)}$$

$$= \frac{C_0 + c(1 - t)(I + G)}{I - c(1 - t)} \qquad (5.49)$$

(5.49)中第一行到第二行的推导用了(5.48)的结论。类似地可得财政赤字:

$$G - T = G - tY$$

$$= G - t\frac{C_0 + I + G}{1 - c(1 - t)}$$

$$= \frac{-t[C_0 + I] + (1 - c)(1 - t)G}{1 - c(1 - t)}$$

$$(5.50)$$

通过式(5.48)—(5.50)易得下列乘数:

$$\frac{dY}{dG} = \frac{1}{1 - c(1 - t)} > 1 \qquad (5.51)$$

$$\frac{dC}{dG} = \frac{c(1 - t)}{1 - c(1 - t)} > 0 \qquad (5.52)$$

$$\frac{d(G - T)}{dG} = \frac{(1 - c)(1 - t)}{1 - c(1 - t)} > 0 \qquad (5.53)$$

式(5.51)之所以大于1,是因为$0 < c < 1$,且$0 < t < 1$,从而$0 < c(1 - t) < 1$。产出乘数大于平衡预算乘数(见式(5.42))。在文中,我们详述了税收流失。用债券融资,在凯恩斯交叉模型中起不到作用,因为税收的阻尼效应显著地减少。式(5.52)

显示,在本例中消费上升,而在平衡预算情形中消费保持不变。

问题七:进口流失

(a) 将式(5.39)—(5.40)带入(5.38)可得:

$$Y = C_0 + c(Y - T) + I + G + X_0 - mY$$
$$= C_0 - cT + I + G + X_0 + (c - m)Y \Rightarrow$$
$$Y = \frac{C_0 - cT + I + G + X_0}{1 - c + m} \qquad (5.54)$$

(5.54)代入(5.39)可得消费的简化形式:

$$C = C_0 + c\left[\frac{C_0 - cT + I + G + X_0}{1 - c + m} - T\right]$$
$$= \frac{(1 - c + m)(C_0 - cT) + c(C_0 - cT + I + G + X_0)}{1 - c + m}$$
$$= \frac{(1 + m)(C_0 - cT) + c(I + G + X_0)}{1 - c + m} \qquad (5.55)$$

同样(5.55)代入(5.40)可得进口的简化形式:

$$X = X_0 - m\left[\frac{C_0 - cT + I + G + X_0}{1 - c + m}\right]$$
$$= \frac{(1 - c + m)X_0 - m(C_0 - cT + I + G + X_0)}{1 - c + m}$$
$$= \frac{(1 - c)X_0 - m(C_0 - cT + I + G)}{1 - c + m} \qquad (5.56)$$

(b) 因为简化的各个变量只含有外生的参数,故可直接从上述式子(5.54)得到乘数。(5.54)中对 G 微分,可得:

$$\frac{dY}{dG} = \frac{1}{1 - c + m} > 0 \qquad (5.57)$$

从(5.57)可得二阶微分

$$\frac{\partial(dY/dG)}{\partial m} = -\frac{1}{(1 - c + m)^2} < 0 \qquad (5.58)$$

表 b　存在进口漏出的乘数效应

乘数效应的轮数	对 C 的影响	对 X 的影响	对 Y 的影响
1	0	dX_0	dX_0
2	cdY_1	$-mdY_1$	$(c-m)dY_1$
3	cdY_2	$-mdY_2$	$(c-m)dY_2$
$\vdots$	$\vdots$	$\vdots$	$\vdots$
n	cdY_{n-1}	$-mdY_{n-1}$	$(c-m)dY_{n-1}$
总和	dC^n	dX^n	dY^n

从而可知,进口比重增加时,乘数是变小的。进口流失意味着,由财政扩张而引起的收入增加作用部分会由进口的方式而冲抵掉。这些进口物是在国外生产的,并不促进国内收入,因而对乘数有阻尼效应。

(c) 从 Y, C, X 的简化形式(见上述(5.54)—(5.56)),可推的下面的效应:

$$\frac{dY}{dX_0} = \frac{1}{1-c+m} > 0 \qquad (5.59)$$

$$\frac{dC}{dX_0} = \frac{c}{1-c+m} > 0 \qquad (5.60)$$

$$\frac{dX}{dX_0} = \frac{1-c}{1-c+m} > 0 \qquad (5.61)$$

国际贸易的增加导致国内需求增加,因为(净)出口增加。这会增加额外收入,促进消费,从而进口增加会导致净出口略微下降。表 b 描述了乘数产生的各个阶段。把表中第二列的条目加总,可得 N 次之后的累积消费变化额。

$$dC^n = 0 + cdY_1 + c(c-m)dY_1 + c(c-m)^2 dY_1 + \cdots$$

$$+ c(c-m)^{n-2} dY_1$$
$$= cdX_0 [1 + (c-m) + (c-m)^2 + \cdots + (c-m)^{n-2}]$$

$$(5.62)$$

由 $|c-m| < 1$，故(5.62)中方扩号部分收敛于 $1/(1-(c-m))$，当 $n-\infty$ 时。故消费的最终效应收敛于：

$$\lim_{n\to\infty} dC^n = cdX_0 \frac{1}{1-c+m} = \frac{c}{1-c+m} dX_0$$

$$(5.63)$$

(5.63)也验证了(5.60)中的表达式。对于出口，有：

$$dX^n = dX_0 - mdY_1 - m(c-m)dY_1 - m(c-m)^2 dY_1 - \cdots$$
$$- m(c-m)^{n-2} dY_1$$
$$= dX_0 [1 - m(1 + (c-m) + (c-m)^2 + \cdots$$
$$+ (c-m)^{n-2})]$$

$$(5.64)$$

$$\lim_{n\to\infty} dX^n = dX_0 \left[1 - \frac{m}{1-(c-m)} \right]$$
$$= \frac{1-c}{1-c+m} dX_0$$

$$(5.65)$$

最后，对于产出，可得：

$$dY^n = dX_0 + (c-m)dY_1 + (c-m)^2 dY_1 + \cdots + (c-m)^{n-1} dY_1$$

$$= dX_0 [1 + (c-m) + (c-m)^2 + \cdots + (c-m)^{n-1}]$$

$$(5.66)$$

$$\lim_{n\to\infty} dY^n = dX_0 \left[\frac{1}{1-(c-m)} \right]$$
$$= \frac{1}{1-c+m} dX_0$$

$$(5.67)$$

仍然得 $-1 < c-m| < 1$，第一个不等号表示 $c > m-1$，因为 $c >$

$0, m-1 < 0$。第二个不等号表示 $c < 1+m$，因为 $c < 1$ 且 $1+m > 1 (m > 0)$。

问题八：流动性陷阱

根据庇古的修正，在封闭经济体中，该模型处于流动性陷阱中：

$$Y = C(Y-T(Y), \overline{K} + M/P) + I(R^{MIN}) + G,$$

$$M/P = l(R^{MIN}, Y)$$

物价水平下降，实际货币余额供给量（M/P）上升。居民更富有，相应地增加消费，对商品和服务的总需求增加。因而，即使在流动性陷阱中，总需求曲线斜率仍然是负的。传统的模型不再一致。在一般情况下有：

$$dY = C_{Y-T}(1-T_Y)dY + \underbrace{\frac{I_R}{l_R}[d(M/P) - l_Y dY]}_{(*)} + C_A d(M/P)$$

如果 $l_R \to -\infty$ 则 $R \to R^{MIN}$，则上式中标记（ $*$ ）的部分可消去。IS 曲线就像 AD 曲线一样，随价格变动而变动：

$$\left(\frac{dY}{dP}\right)_{AD} = -\frac{C_A M/P^2}{1 - C_{Y-T}(1-T_Y)} < 0$$

问题九：含有通胀的 IS-LM-AS 模型

(a) 该模型唯一一个不显著的特征是模型中投资取决于真实利率 $R-\Pi$，筹集资本是现实生产活动，因而需要考虑真实利率。而在标准 IS-LM 模型中，价格固定，不必区分真实和名义利率。

(b) 该模型符合古典二分法。方程(5.20)—(5.23)，作为外生的资本存量，技术和劳动供给的函数，构成供给方，并决定真实工资率、就业量、产出水平。由于产出是由供给方决定的，方程(5.18)—(5.19)是外生参数（G, M, T, π）的函数，决定利率和价格水平。因而，价格完全弹性。供给冲击的效应（例如 $\overline{K}$

的减少），可通过图 g 来描述。

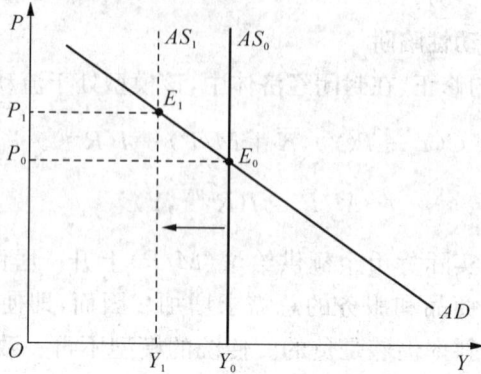

图 g　经典模型中的生产率冲击

方程(5.18)—(5.19)暗含了总需求曲线负斜率曲线

$$Y = AD\left(\frac{M}{P}, G, T, \pi\right), \tag{5.68}$$

其中 $AD_{M/P} > 0, AD_G > 0, AD_T < 0; AD\pi > 0$。前面三个偏微分都是显然的，最后一个这里给出解释。就 IS-LM 框架而言，π 上升，当名义利率给定时，实际利率是降低的，从而投资增加，IS 外移。新的 IS-LM 均衡点位于更高的名义利率和更高的收入水平处。在 AD-AS 框架下，AD 曲线右移。

方程(5.20)—(5.21)暗含总供给曲线是取决于外生资本存量在 (P, Y) 空间中的一条垂线。

$$Y = AS(\overline{K}), \tag{5.69}$$

其中 $AS_K > 0$。$\overline{K}$ 上升刺激劳动需求上升（因为生产部门是协作的），进而均衡就业量上升，工资更高。产出增加有两点原因：$\overline{K}$ 自身的直接作用；引致的就业效应。

在图 g 中，$\overline{K}$ 的下降导致 AS 曲线左移，产出减少，物价上升。实际工资水平下降，因为劳动需求下降。价格水平上升导致实际货币余额供给平衡下移,故 LM 曲线左移。因而,利率上升,投资下降。产出的下降进而影响消费的下降。

(c) 如上所述,财政和货币政策仅影响模型的需求方,即只影响 P 和 R。价格和工资完全弹性。

(d) 财政政策:G 增加或 T 减少,均会使 IS,AD 右移。因为对 AS 曲线没影响,从而价格水平上升,而均衡产出不变。物价水平的上升降低了实际货币余额,并使得 LM 左移。在均衡点上,产出不变,利率上升。政府消费完全挤出私人投资,$di = -dG$。

货币政策:货币供应量 M 增加,LM 和 AD 均会右移。因为 AS 曲线不变,价格水平上升,产出不变,物价水平的上升降低了真实货币余额,并使得 LM 左移至其原来位点。在均衡处,产出和利率不变,但价格永久性提高了。真实货币余额平衡量保持不变,因为有 $dP/P = dM/M$。

(e) 一个通过需求方政策能影响供给方的途径是劳动供给。假设劳动供给有财富效应,那方程(5.21)可写为:

$$N^s = N^s(W/P, A), \qquad (5.70)$$

其中 $A \equiv \bar{K} + M/P$ 表示真实财产。预期劳动供给的财富效应是负的,$\partial N^s / \partial A < 0$。当居民富裕时他们希望消费更多的闲暇,即工作少点。AS 曲线可写为:

$$Y = AS(M/P, \bar{K}), \qquad (5.71)$$

其中 $AS_{M/P} < 0$。$AD - AS$ 曲线都受财政和货币政策的影响。因为价格是弹性的,货币政策仍然中性。财政政策若使得总需求曲线右移,均衡时产出和物价均上升。对于一个既定的货币供给量,实际货币余额平衡时下降,这能解释为什么产出供给增加,因为人们变穷了,因而提供了更多的劳动力。

另一个通过需求方政策可以影响供给方的渠道是通过资本积累。$\dot{K} = I(R - \pi) - \delta K$。所以任何可以改变投资的变量，都可以影响资本存量（无论在调整还是稳定状态），反过来又会影响供给方。

第六章　失业与通货膨胀

学习要点

1. 掌握自然失业率、季节性失业、摩擦性失业、结构性失业和周期性失业的概念。
2. 理解通货膨胀的类型和通货膨胀的成因。
3. 掌握通货膨胀的成本,理解菜单成本的定义。
4. 掌握菲利普斯曲线的定义及其推导过程。
5. 理解适应性预期和理性预期的概念。

名词解释

1. 自然失业率
2. 结构性失业
3. 摩擦性失业
4. 未预期到的和可预期的通货膨胀
5. 温和的、急剧的和恶性的通货膨胀
6. 通货膨胀惯性
7. 短期菲利普斯曲线
8. 长期菲利普斯曲线
9. 适应性预期
10. 理性预期
11. 需求拉动的通货膨胀

12. 成本推动的通货膨胀

简答题

1. 有两个国家处于相同的经济发展阶段,两国之间的主要区别是一个国家拥有长期价格稳定的历史,而另一个国家连续几年的通货膨胀率都很高。请讨论这两个国家的劳动力市场制度可能有哪些差异。

2. 简述不可避免的失业的几种情况。

3. 请解释,在通货膨胀上升的时期,公司为什么倾向于使用贷款而不是自有资金为投资项目提供大部分资金?

4. 失业保障将会对自然失业率产生什么影响?

5. 试用图形分析需求拉动的通货膨胀的形成过程。

6. 如果现在社会上失业率很高,公众估计政府要实行膨胀性经济政策。这属于适应性预期还是理性预期,为什么?

7. 如果水果店店主说:"房租、工人的工资及别的费用都涨了,我也只能提高水果的价格。"这属于需求拉动的还是成本推进的通货膨胀? 如果水果店店主说:"可以提价,因为买水果的人太多了,反正不愁卖不了。"这又属于什么类型的通货膨胀?

8. 简要说明衡量通货膨胀的指标及通货膨胀的分类。

9. 完全预期到的通货膨胀有成本吗? 请作简要说明。

10. 简述需求拉动与供给型通胀的原因各是什么?

计算题

1. 某经济体中有 23 000 名就业工人,2 000 名失业工人。假设每个月 23% 的失业工人找到工作,2% 的就业工人失去工作。计算均衡状态时的失业率。

2. 假设某经济体遵从奥肯法则:$(Y_p - Y)/Y = 4(u - 0.05)$。

(1) 当该经济体中的实际产出分别为潜在生产能力的 80%、50% 和 110% 时,其失业率分别为多少?

(2) 当失业率目标分别为 3%、5%、7%时，实际产出分别为潜在生产能力的多少？

3. 根据下列数据，计算 1978~1983 年每年的通货膨胀率和实际利率。

年份	消费者价格指数 （1967 年＝100）	名义利率
1977	181.5	5.5%
1978	195.4	7.6%
1979	217.4	10.0%
1980	246.8	11.4%
1981	272.4	13.8%
1982	289.1	11.1%
1983	298.4	8.8%

4. 已知产品市场的均衡条件为 $Y = 850 - 25i$，货币市场的均衡条件为 $Y = -500 + 5Ms + 10i$，经济在 $Y = 650$ 时达到充分就业。如果名义货币供给 $Ms = 200$，物价水平 $P = 1$。

(1) 是否存在通货膨胀压力？

(2) 当物价水平为何值时，才能实现宏观经济的一般均衡？

(3) 如何变动名义货币供给量，才能达到充分就业的一般均衡？

5. 假定某人 1996 年的年收入达 3 万元。从 1994 年开始，新的累进个人所得税的规定为：月收入 800~2 000 元（含 2 000 元）的税率为 5%，月收入 2 000 元以上的税率为 10%。若 1994 年的物价指数为 100，1996 年的物价指数为 125，试求：

(1) 此人 1996 年的实际纳税额。

(2) 此人实际收入的应纳税额。

(3) 通货膨胀引起的政府税收增加额。

论述题

1. 什么是自然失业率？哪些因素可能会影响自然失业率的高低？
2. 未预期到的通货膨胀会产生哪些收入分配效应？
3. 你认为从收入政策的角度出发，有哪些应对通货膨胀的措施？
4. 试分析通货膨胀的经济效应。
5. 现代货币主义和理性预期学派对于长期菲利普斯曲线的认识有何不同？

参考答案

名词解释

1. 是经济运行在充分就业水平时的失业率，也是经济在长期中所趋近的失业率。

2. 是指由于经济结构的变化，劳动力的供给和需求在职业、技能、产业、地区分布等方面的不协调所引起的失业。

3. 是由于劳动力市场中的信息不完全所导致的一种失业。求职者和有职位空缺的雇主在相互搜寻的过程中收集信息和处理信息都需要花费一定的时间。因此，即使当劳动力需求和劳动力供给在总量上是相等的，摩擦性失业也仍然会存在。

4. 按照人们对价格变动预料的程度，通货膨胀可分为未预期到的通货膨胀和可预期的通货膨胀两种类型。未预期到的通货膨胀往往由某些突然的原因所引起，人们对价格上涨的幅度不能预知或不完全预知。可预期的通货膨胀是由已知的原因所引起，并且通货膨胀的幅度为人们所预知。

5. 按照价格上涨幅度，通货膨胀有温和的通货膨胀、急剧的通货膨胀和恶性的通货膨胀三种类型。温和的通货膨胀，年物价上涨率在 10% 以内；急剧的通货膨胀，物价上涨率则是两位数或三位数；而恶性的通货膨胀，物价上涨率要在百分之一百万或者更高。

6. 无论是需求拉动的通货膨胀，还是成本推进的通货膨胀，由需求增加或成本提高导致的价格上涨，到达均衡点之后，最终会使得价格总水平停止上涨。然而，在实际中，通货膨胀一旦形成就会持续一段时间。除非受到其他的冲击，通货膨胀倾向于持续保持相同的水平，这种现象被称为通货膨胀惯性。

7. 在短期内，工资增长率和失业率之间存在着交替关系，高通货膨胀率对应着低失业率,而低通货膨胀率对应着高失业率。

8. 描述了在预期充分调整的情况下,失业率和通货膨胀之间的长期关系。此时,长期中的稳定失业率为自然失业率,长期菲利普斯曲线是一条位于自然失业率水平的垂线。

9. 人们根据上一期所观察到的某经济变量(例如通货膨胀率)的情况来形成对本期该变量水平的预期。

10. 人们充分利用所有能够获得的信息,形成对某经济变量(例如通货膨胀率)的预期。对于某个特定的人,其预期的误差可能为正值,也可能为负值,但理性预期的平均误差为零,即不存在系统性误差。

11. 又称超额需求的通货膨胀,是指总需求超过总供给而引起的一般价格总水平的持续而显著的上升。这种类型的通货膨胀形成的原因在于总需求过度增长,总供给不足,即"太多的货币追逐较少的产品"。

12. 又称供给型通货膨胀,是指由厂商生产成本增加而引起的一般价格总水平的上涨。

简答题

1. 答:

两个国家劳动者的通货膨胀预期可能不同。在价格长期稳定的国家中,人们的通货膨胀预期基本为零,因此可能倾向于签订长期劳动合同,并且在合同中可能也没有工资的指数化条款;而连续几年通货膨胀率都很高的国家,人们的通货膨胀预期也较高,因此可能倾向于签订短期劳动合同,并且在合同中可能会有工资的指数化条款,从而避免物价上升对实际工资水平的侵蚀。

2. 答:

(1) 季节性失业。

(2) 摩擦性失业。

(3) 结构性失业。

3. 答：

在通货膨胀上升的时期，即使名义债务保持不变，实际债务也会随着物价水平的上涨而减少。

4. 答：

一方面失业保障会提高人们的保留工资水平；另一方面失业保障降低了人们的失业成本。以上两种效应可能会延长人们的工作搜寻时间、降低工作搜寻激励，从而导致自然失业率上升。

5. 答：

从下图中可看出，在未分就业时，总需求增加，不会引起价格上涨，不会产生需求拉动的通货膨胀。在正常供给曲线条件下，总需求曲线 AD_1 提高到 AD_2，则价格由 P_1 提高到 P_2，国民收入也从 Y_1 提高到 Y_2。这就表明社会总需求增加，即总需求曲线 AD 上移，使价格水平提高。但在长期总供给曲线条件下，总需求曲线 AD_3 提高为 AD_4 时，则价格水平从 P_3 提高到 P_4，而国民收入不再增加，这是由于 Y_f 为充分就业时的国民收入所致。这时，社会总需求的增加，对价格水平提高的影响更大。在上述正常的和长期的总供给曲线条件下，由于社会总需求增加引起价格总水平普遍持续的提高，形成了需求拉动的通货膨胀。

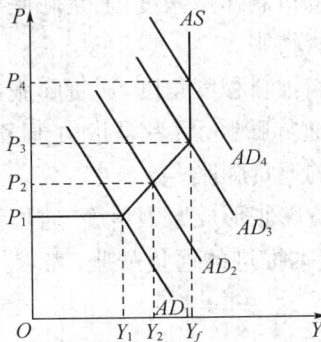

6. 答：

应属于理性预期。这是人们根据失业率与通货膨胀的关系作出的判断，如果失业率较高，根据失业率与通货膨胀率之间存在的此消彼长的关系，人们预计政府会提高通货膨胀率以降低失业率。于是人们抢先一步把预期的通货膨胀率考虑到工资合同中去，这样，在政府推行扩张性政策时，由于货币工资率与物价同步上涨，实际工资没有下降，所以厂商并不扩大产量和增雇工人，政府即使在短期也不能用提高通货膨胀率的方法来降低失业率。这里人们对通货膨胀所作的判断不是依据过去通货膨胀的经历，因此不属于适应性预期。

7. 答：

第一种属于成本推进的通货膨胀；第二种属于需求拉动的通货膨胀。

8. 答：

衡量通货膨胀的指标一般是用通货膨胀率。通货膨胀率被定义为一般价格总水平在一定时期（通常是一年）内的上涨率。

从物价上涨率角度，通货膨胀可分为温和的通货膨胀（通货膨胀率为一位数）、急剧的通货膨胀（通货膨胀率为两位数或三位数）和恶性的通货膨胀（通货膨胀率达到百分之一百万甚至更高）等。

从市场机制作用角度，通货膨胀可分为放开的通货膨胀和抑制的通货膨胀。

从人们预料程度角度，通货膨胀可分为预期的通货膨胀和非预期的通货膨胀，后者是指由于多种复杂因素的影响，人们未预期到的通货膨胀。

从通货膨胀形成原因角度，通货膨胀可分为需求拉动的通货膨胀、成本推进的通货膨胀、需求拉动和成本推进混合型通货膨胀等。

9. 答：

从理论上说,当通货膨胀被完全预期到时,人们会相应地对每一种价格作出调整,从而使相对价格不发生变化,因此通货膨胀不会给经济带来很大的负面影响。然而实际上,即使价格变动被完全预期到,人们在针对预期调整的过程中也会产生一定的成本,这将导致预期通货膨胀的成本并不为零。具体来看:

首先,菜单成本。高通货膨胀会迫使企业经常改变产品的报价,而这种改变是有成本的,例如不断印刷新的产品目录,把产品目录投递到中间商和顾客手中等。这种调整价格的成本被称为菜单成本。

其次,皮鞋成本。当通货膨胀水平较高时,人们为了避免物价上涨对货币实际价格的侵蚀,会减少货币的持有量,但这将增加人们去银行取款的次数。减少货币持有量的成本被称为皮鞋成本。

第三,税收扭曲成本。政府制定税法时一般不会考虑通货膨胀的影响,而通货膨胀的存在将会以立法者没有想到的方式影响个人的税收负担,从而使税收问题更加严重。

10. 答:
(1) 需求拉动型通胀的原因:① 扩张财政;② 扩张货币;③ 对未来预期改变。
(2) 供给型通胀的原因:① 预期价格水平上升;② 劳动,资本或技术要素稀缺导致要素价格上升。

计算题

1. 解:
步骤略,8%

2. 解:
(1) 11.25%;30%;2.7%
(2) 108.7%;100%;92.6%

3. 解:
见下表。

年份	通货膨胀率	实际利率
1978	7.66%	−0.06%
1979	11.26%	−1.26%
1980	13.52%	−2.12%
1981	10.37%	3.43%
1982	6.13%	4.97%
1983	3.22%	5.58%

4. 解：

(1) 产品市场和货币市场同时均衡的国民收入 $Y=850-25i$，得 $i=10$, $Y=600$。由于 $Y=600<650$，不存在通货膨胀的压力。

(2) $P=0.95$。

(3) $Ms=210$，即名义货币供给量应增加 10。

5. 解：

(1) 月收入为 $30\ 000/12=2\ 500$

每月应纳税为 $(2\ 000-800)\times5\%+500\times10\%=110$

故每年实际纳税额为 $110\times12=1\ 320$。

(2) 实际月收入为 $(30\ 000/1.25)/12=2\ 000$

故每年实际收入的应纳税额为 $(2\ 000-800)\times5\%\times12=720$。

(3) 税收增加额为 600。

论述题

1. 答：

自然失业率是经济运行在充分就业水平时的失业率，也是经济在长期中所趋近的失业率。它主要由摩擦性失业、结构性失业和季节性失业等情况构成，因此影响以上几种失业的因素都会对自然失业率产生影响。例如：人口结构的变化、技术进步、产业升级、劳动力市场的信息化程度、工会化程度以及失业保险制度及其给付水平等等。

2. 答：

首先，通货膨胀会对工资薪金阶层产生影响。在劳动力市场上，工人的工资往往以工资合同的方式预先加以确定，也就是说货币工资率的上涨往往慢于物价上涨。因此，当出现未预期到的通货膨胀时，工人的货币工资没有变动，但实际购买力却下降了。可见，工人在通货膨胀中受到损害，而这种损害程度取决于工资调整的滞后期。如果工资合同调整较快，那么领取工资者受到通货膨胀的损害就少；反之，受到损害就大。

其次，通货膨胀使得以利润为收入者受益。由于生产成本特别是工资落后于产品价格的上升，因而利润呈上升的趋势。只要成本滞后于产品价格上升，那么取得利润者就会获得好处。

再次，通货膨胀使得以利息和租金为收入的人受到损害。由于利息和租金这两种收入形式往往在较长期的合同中被确定下来，因而如果在合同有效期内出现通货膨胀，就会使得资本或土地实际表现出来的利息或地租高于合同规定的数额，结果按合同规定的数额取得利息或租金的人受到损害。同时，借贷或租用者就会因此得到好处。

最后，通货膨胀使得退休人员遭受很大的损失。退休人员往往在社会保险机构领取定额的保险金和补贴，保险金和补贴的数额很少能赶得上通货膨胀，因此，退休人员也会受通货膨胀的影响。

3. 答：

第一，价格和工资管制。价格和工资管制是指政府严格控制价格和工资的做法。在面对严重的通货膨胀问题时，政府冻结工资和价格，硬性规定货币工资和价格的增长率或政府提出指导性的工资和价格增长目标，由工会和雇主协会自觉遵守。通常认为，价格和工资管制对治理通货膨胀是非常有效的，但在市场经济条件下,价格和工资管制又会使得市场机制配置资源的作用受到极大的损害,因而在实践中并不作为常规的做法。

第二,收入指数化。所谓收入指数化就是以条文规定的形式把工资和某种物价指数联系起来,当物价上涨时,工资也随之上涨。为了避免工会以现实存在的通货膨胀为理由要求工资过度上涨,政府可以规定工资等收入随着价格上涨自发地加以调整。指数化可以是百分之百的指数化,也可以是部分指数化。百分之百指数化是指工资按物价上涨的比例增长。部分指数化是指工资按物价上涨一定比例增长。这种方法可以削弱成本推进的通货膨胀,但其作用是相当有限的。在实践中,收入指数化政策往往被用来减少通货膨胀所产生的对收入分配的影响。

第三,以税收为基础的收入政策。以税收为基础的收入政策是通过税收调节来鼓励人们限制价格上涨的做法。这种政策的基本思路是,以政府规定的一个恰当的工资、价格增长率为标准,如果工资或价格的上涨率低于这个标准,工人或厂商将获得税收优惠;反之,如果超过这个标准,他们将受到增税的惩罚,这样来鼓励逆转通货膨胀的行为。由于执行上的困难,以税收为基础的收入政策还处于讨论阶段,尚没有付诸实施。

4. 答:

大多数经济学家认为,通货膨胀会对就业和产量产生正效应,即通货膨胀使就业增加,产量增加。未预料到的通货膨胀产生的效应大,而预料到的通货膨胀产生的效应小,甚至没有。如果经济中出现未预料到的通货膨胀,由于货币工资以合同的形式被固定下来,其变动就滞后于通货膨胀,结果会使得实际工资下降,从而导致厂商增加工人的雇佣量,从而提高产出量。这样,通货膨胀对就业和产出产生正效应。相反,若经济中出现预料到的通货膨胀,则工人会要求按通货膨胀上升的幅度提高工资,结果实际工资下降很少或保持不变,从而对产量和就业的影响就很小,甚至没有。

从长期来看,通货膨胀对资本积累,从而对经济增长也产生影响。当出现通货膨胀时,由于存在货币工资调整的滞后,因而使得通货膨胀的收入分配效应朝着有利于以利润为收入者的方向发展,而以利润为收入者一般具有高于以工资为收入者的储蓄倾向,因此,有利于资本积累,促进经济增长。

尽管通货膨胀对产量、就业和经济增长会产生一定程度的正向效应,但这也是有代价的。主要表现为两个方面:一是相对价格的变动对资源配置带来扭曲;二是增加了人们经济行为的风险和不确定性。因此,经济学家不主张利用通货膨胀来促进产量、就业增加或经济增长。

5. 答:

现代货币主义一般使用适应性预期假设,认为人们只能根据过去的信息或经验来形成并调整对未来的预期,即工人慢慢地会根据所经历的较高的实际通货膨胀率来调整其对通货膨胀的预期。他们会认识到,虽然货币工资增加了,但实际工资却减少了,他们会要求增加货币工资,最后导致实际工资增加。此时,厂商会解雇工人,失业将增加。这个过程将一直持续到实际工资恢复到原来的水平,失业率则返回到自然失业率水平。因此,一旦货币幻觉消失,失业率与货币工资变动率或通货膨胀率之间便不会再有长期的反方向变动关系,长期的菲利普斯曲线就在充分就业处垂直。因此,货币的扩张在短期内会提高就业和产出,但在长期只能提高价格,对就业与产出没有影响。货币是中性的。宏观经济政策在长期无效。

理性预期假说与现代货币主义所使用的适应性预期假说形成鲜明的对比。根据适应性预期假说,经济当事人把他们对某一变量未来值的预期(例如通货膨胀)仅仅建立在该变量过去值的基础之上。除非所预期的变量在一个相当长的时期内保持不变,否则对它形成的预期必然存在系统性的错误。而在理性预期方法下,经济当事人将利用所有可公开获得的信息进行预期,并能快速地调整可能存在的预期误差,不会在整个时期内形成有系统性误差的预期。也就是说,理性预期是无偏的。

根据理性预期,如果对价格的预期有误差,经济主体就会及时地、充分地修正这种误差,使预期的通货膨胀率等于实际的通货膨胀率。一旦当事人意识到相对价格没有变化,他们就会减少劳动需求与供给,产出和就业就会回到其长期(完全信息)均衡(自然)水平。因此,正常的菲利普斯曲线垂直。假设货币当局宣布增加货币供给,理性的经济当事人在形成他们的预期时会考虑这个信息并完全预见到货币供给增加对一般价格水平的影响,结果产量和就业会停留在自然水平上不发生变动。因此,即使在短期,产量和就业也没有变化,即货币是超中性的。

第七章 经济周期

学习要点

1. 了解经济周期不同阶段的表现特征。
2. 了解测量经济周期的各种指示器。
3. 掌握基钦周期、朱格拉周期、库兹涅茨周期、康德拉季耶夫周期的含义。
4. 掌握乘数—加速数模型的内容及其政策含义。
5. 掌握实际经济周期的内容,了解实际经济周期理论的贡献与局限性。
6. 了解金融经济周期理论的主要内容,理解金融经济周期理论的一般传导机制,了解该理论的贡献与局限性。

名词解释

1. 经济周期
2. 哈佛晴雨表
3. 扩散指数
4. 德国指示器
5. 基钦周期
6. 朱格拉周期
7. 库兹涅茨周期
8. 康德拉季耶夫周期

9. 乘数—加速数模型

10. 实际经济周期

11. 金融经济周期

简答题

1. 经济周期各阶段的主要特点是什么？

2. 乘数—加速数模型是怎样解释经济周期波动的？

3. 分析在衰退阶段,在乘数和加速数的作用下,经济的连锁反应。

4. 实际经济周期理论是怎样解释经济周期波动的？

5. 简述实际经济周期理论的主要贡献和政策含义。

6. 简述金融经济周期理论是怎样解释经济周期波动的。

7. 简述金融经济周期理论和实际经济周期理论的区别。

计算题

1. 某经济的动态模型为：

$$\begin{cases} Y_t = C_t + I_t \\ I_t = I_0 + \beta(C_t - C_{t-1}) \\ C_t = \alpha Y_{t-1} \end{cases}$$

实际运行的产出水平满足以下方程：

$$Y_t = 2.5Y_{t-1} - 2Y_{t-2} + 40$$

求该经济的边际消费倾向 α 和加速系数 β。

2. 若某一经济模型中自发性投资为 1 000 亿,边际消费倾向为 0.5,加速数为 2。请根据乘数—加速数模型模拟计算未来 18 年 中的经济增长,并指出峰顶值与谷底值分别出现在哪些年份。 （计算结果数值取整）

论述题

1. 论述改革开放以来经济制度变革怎样影响我国经济周期的波动。
2. 论述投资波动影响我国经济周期性波动的传导机制。
3. 论述金融经济周期的传导机制。

案例分析题

阅读以下材料,总结我国经济周期的特征,并分析其形成经济周期的原因。

我国经济周期的划分可采用如下方法:将社会总产值的增长率由上升开始到下降的年份作为周期的开端,社会总产值的增长率由重新上升到最高水平的年份作为周期的末端。按照这种方法,我国在 1953~1994 年大约出现了 9 个经济周期,其平均长度为 4.6 年,平均扩张长度为 2.3 年,平均收缩长度为 2.2 年,扩张收缩比为 1:1。这一时期经济周期的具体情况如下表所示。

我国 1953~1994 年社会总产值环比增长率周期波动划分

年份	增长率（%）	周期序列	周期长度（年）	周期类型	峰顶值（%）	谷底值（%）	落差（%）
1953	18.7						
1954	8.5	第一周期	4	增长型	18.7	6.1	12.6
1955	6.1						
1956	17.9						
1957	6.1	第二周期	2	增长型	6.1	32.6	26.5
1958	32.6						

年份	增长率（%）	周期序列	周期长度(年)	周期类型	峰顶值（%）	谷底值（%）	落差（%）
1959	18.0						
1960	4.7						
1961	−33.5						
1962	−10.0	第三周期	7	古典型	19.0	−33.5	52.5
1963	10.2						
1964	17.5						
1965	19.0						
1966	16.9						
1967	−9.9	第四周期	4	古典型	25.3	−9.9	35.2
1968	−4.7						
1969	25.3						
1970	24.2						
1971	10.5						
1972	4.5	第五周期	6	古典型	24.2	1.9	22.3
1973	8.6						
1974	1.9						
1975	11.5						
1976	1.4						
1977	10.3	第六周期	3	古典型	10.3	1.6	8.7
1978	13						

(续表)

年份	增长率 （%）	周期 序列	周期长 度（年）	周期 类型	峰顶值 （%）	谷底值 （%）	落差 （%）
1979	8.5						
1980	8.4						
1981	4.4						
1982	9.5	第七 周期	7	增长型	17.1	4.4	12.7
1983	10.2						
1984	14.7						
1985	17.1						
1986	10.1						
1987	14.1	第八 周期	3	增长型	15.8	10.1	5.7
1988	15.8						
1989	5.2						
1990	6.6						
1991	11.4	第九 周期	6	增长型	21.7	5.2	16.5
1992	21.7						
1993	21.8						
1994	20.2						

（资料来源，李新安："我国经济周期的特征与成因分析"，《经济经纬》，
1999 年第 3 期。）

参考答案

名词解释

1. 经济运行过程中经济扩张和经济收缩、景气和不景气的交替。某些积极因素可以在一定时期内带动经济的高速发展,而某些消极因素又可以在一定时期内阻碍经济的进一步增长甚至导致经济指标绝对量的下滑。诸多因素的不同作用方向,使得国民经济呈现出一种循环变动的上下波动特征。

2. 又称为哈佛 ABC 曲线。这一指示器是由 W. M. 皮尔逊斯在 1919 年提出的,最初由 5 组时间序列组成。同一组的时间序列具有大致相同和同时发生的周期,20 个不同序列被用来设立这 5 个时间序列组。

3. 由伯恩斯和穆尔于 1954 年提出的测量经济周期的工具,该指数提供了一个在给定集合中有多少单项序列处于上升或下降趋势的信息,并显示了其随着时间的变动过程。该指数要表明的思想是:在任何时点,一个特定集合中的一些序列会向上运动,而其余序列则向下运动。这些序列包括不同性质的序列,例如生产、价格、利率、库存等。如果向上运动的序列在总时间序列中所占的比例大于 50%,那么这一时期就处于扩张期;反之,如果向下运动的序列在总时间中所占的比例大于 50%,那么这一时期就处于收缩期。

4. 柏林的经济周期研究所瓦格曼提出的批评哈佛晴雨表的更广泛的体系。它由 8 个晴雨表构成,涉及到以下 8 个方面的经济行为:生产、商品、就业、信贷、存货、对外贸易、企业计划和三个市场(股票市场、商品市场和短期信贷市场)的价格运动。

5. 英国经济学家约瑟夫·基钦提出的持续时间为 2～4 年的短波周期。他认为经济周期实际上有两种表现:主周期和次周期。

次周期有约 40 个月的平均持续期,而主周期由 2～3 个次周期构成,是次周期的聚合。由于基钦提出的这种周期主要由存货等变量因外生随机影响发生的暂时波动引起,因而也被称为存货投资周期。

6. 法国人克莱蒙特·朱格拉提出的持续时间为 7～11 年的中波周期。朱拉格周期与投资品生命期相对应,主要是工商业固定投资的大规模更新变动起主导作用所引发的周期。

7. 库兹涅茨提出的持续时间为 15～25 年的长周期。后来有人认为这种周期是与建筑业的长周期相联系的,因而该种周期也被称为建筑业周期。

8. 前苏联经济学家康德拉季耶夫 20 世纪 20 年代提出的持续时间为 40～60 年的长波周期。他认为长波的存在,不是由偶然的因素,而是由资本主义经济发展中内在的因素决定的。技术发明和由此引起的产业结构变动被认为是这种周期波动的主要原因。

9. 利用乘数—加速数机制来对经济波动作出的一种解释。在社会经济生活中,投资、收入和消费相互影响,相互调节,通过加速数,上升的收入和消费会引致新的投资,通过乘数,投资又使收入进一步增长。假定政府支出为一个固定的量,则靠经济本身的力量自行调节,就会自发形成经济周期。经济周期中的阶段正是乘数与加速数相互作用而形成的:投资影响收入和消费(乘数作用),反过来,收入和消费又影响投资(加速数作用)。两种作用相互影响,形成累积性的经济扩张或收缩的局面。

10. 该理论认为,供给面而不是需求面冲击是导致经济周期的根本原因,如技术进步引起的生产率冲击、能源价格上升的冲击。该理论以微观经济主体的偏好、技术、禀赋等假设为基础,通过完全竞争和市场出清实现一般均衡,因生产函数会受到随机技术冲击等实际因素的影响,从而经济会呈现出周期与波动的现象。其基本观点如下:技术冲击是经济波动的动力之源;经济周期所产生的产出波动不是实际 GDP 对潜在 GDP 的背离,而是潜在 GDP 本身的波动;即使在短期,货币也是中性的。

11. 指金融经济活动在内外部冲击下,通过金融体系传导而形成的持续性波动和周期性变化。该理论实际上反映了经济波动与金融因素之间的关系,体现了金融变量对实际经济周期的重要影响。金融经济周期理论对金融机制的放大效应进行了全面的考察,该理论的核心观点是,因金融市场缺陷而产生的金融摩擦会放大金融冲击,这就是所谓的"金融加速器"效应。即使一个外部冲击趋于零,由于金融摩擦的存在,这一冲击将被金融加速器无限放大,从而导致经济出现剧烈的波动,而且这种经济波动具有确定性。

简答题

1. 答:

在繁荣阶段,生产量和贸易量扩大,收入增加,就业率提高,需求扩大,物价上涨;同时,利率结构呈上升形态,投资增加,企业的生产能力提高等。在衰退阶段,企业成本增加,利润减少,投资减少,价格水平下降;同时,在整个货币市场到处都是更高的利率结构,进一步限制经济的扩张。在萧条阶段,生产量和贸易量缩减,失业率上升,需求减少,价格下跌;利率结构下降,投资减少,企业生产能力萎缩等。在复苏阶段,商品价格下降到一定程度后,总需求会扩大,从而刺激企业扩大生产;由于购买原材料的成本降低,利润率提高,企业有动力寻求新的投资机会,进行新一轮的投资。

2. 答:

在社会经济生活中,投资、收入和消费相互影响、相互调节,通过加速数,上升的收入和消费会引致新的投资,通过乘数,投资又使收入进一步增长。假定政府支出为一固定的量,则靠经济本身的力量进行调节,就会自发形成经济周期,经济周期中的阶段正是乘数与加速数交互作用而形成的：投资影响收入和消费（乘数作用），反过来，收入和消费又影响投资（加速数作用）。两种作用相互影响，形成累积性的经济扩张或收缩的局面。

3. 答：

由于消费增长的停止以及社会现有生产设备及能力的限制，使经济扩张到达顶点后开始下跌，一旦经济收缩，由于乘数和加速数的作用，就会产生连锁反应。

在衰退阶段，消费者购买活动急剧下降而汽车和其他耐用消费品的存货会出人意料地增加。由于工商企业作出压缩生产的反应，实际国民收入出现下降。接着，对工厂和设备的投资急剧下降，对劳动的需求下降，失业率上升。社会收入水平和有效需求也都下降，因而导致需求更大幅度地下降。同时，由于产出下降，原材料的需求和供给下降，导致一般物价下跌。工资和加工价格下降的可能性较小，它们在经济下落期倾向于较慢地增长。这时，人们对前景充满悲观情绪，预期物价将会继续下跌，因而物价下跌并不会刺激消费的增加，整个社会形成普遍的生产过剩，企业利润急剧下降，普通股票的价格也因为对这种利润下落的预期而下降。因为贷款需求的减少，利率在衰退中一般也出现下降。批发商、零售商在繁荣阶段订的货，这时卖不出去，造成存货增加，于是减少对生产厂商的订货，从而加剧了生产的收缩。对厂商来说，连对已磨损的机器设备的必要补充也逐渐停止，因为剩余资本设备越来越多。社会经济在经历了一段衰退时期以后，便进入萧条阶段。

4. 答：

实际经济周期理论排除将货币因素作为经济波动的初始根源的可能，认为货币是中性的，经济周期波动的根源是实际因素，其中特别值得注意的是技术冲击。经济面临着技术冲击，这种冲击决定了投入转变为产出的能力，引起了产出与就业的波动。技术冲击具有随机性质，它使产出的长期增长路径也呈现出随机的跳跃性:当出现技术进步时,经济就在更高的起点增长;若技术退步时,经济将出现衰退。当技术冲击最初发生在某一个部门时,由于社会生产各部门之间存在着密切的联系,会引起整个宏观经济的波动。

5. 答:

实际经济周期理论通过构建动态随机一般均衡模型来研究技术冲击对经济周期波动的影响,其构造宏观经济模型的新思路、新方法对现代宏观经济学影响很大,为现代经济周期理论及增长理论奠定了微观基础。在方法论上,该理论利用计量方法和计算机编程技术为经济学研究作了一定的学术规范,特别是动态一般均衡方法已逐渐成为许多学派的宏观经济学家普遍采用的一种分析方法,而且他们认为,经济周期不是对均衡的偏离,而是均衡本身暂时的波动,这一研究把经济周期的理论融入经济增长的理论之中,改变了宏观经济学中将长、短期分开研究的传统。在理论方面,他们开创了现代新古典主义宏观经济学的现代经济周期理论的先河,首次从供给角度考察经济波动问题;在政策指导方面,他们认为实际因素特别是技术进步的变化才是影响经济周期的关键、政府无需干预经济,这与凯恩斯所认为的需求尤其是消费需求的变化是影响经济周期的关键因素、政府需干预经济的观点不同。

实际经济周期理论的政策含义明显地蕴涵在其理论模型之中:第一,政府无需干预经济。实际经济周期理论认为,政府花费大量成本来稳定经济,但其结果很可能于经济不利。经济波动是在完全竞争环境下生产者和消费者对技术冲击进行调整的最优反应。经济周期在很大程度上表现为经济基本趋势本身的波动,而不是经济围绕基本趋势的波动,即周期不是对均衡的偏离,而是均衡本身暂时的波动,既然是均衡,便具有帕累托效率,不存在市场失灵。因此,旨在熨平经济波动的政府干预只能改善一部分人而不是所有人的福利水平。第二,货币中性。实际经济周期理论认为货币供给是内生的,产出波动自然会引起货币供给的波动。货币服务是银行部门的产出,其数量随着真实经济的发展而上升或下降。其他部门产出的增加,将增加对交易服务的货币需求;银行系统会通过创造更多的货币对此作出反应。这种货币的增加来自于对货币的内在需求,而不是外部货币政策的变动。从而,货币数量的变化对经济没有真实影响,即货币是中性的。

6. 答:

金融经济周期理论的核心观点是,因金融市场缺陷而产生的金融摩擦会放大金融冲击,这就是所谓的"金融加速器"效应。即使一个外部冲击趋于零,由于金融摩擦的存在,这一冲击将被金融加速器无限放大,从而导致经济出现剧烈的波动,而且这种经济波动具有确定性。银行信贷渠道和资产负债表渠道是金融经济周期的两个最重要的传导机制,发生作用的前提条件是借贷双方信息不对称和金融摩擦。

7. 答:

与实际经济周期理论相比,金融经济周期理论认为金融体系是经济周期的重要传导渠道,金融加速器是冲击放大效应的主要原因。实际经济周期理论通过微观主体的动态最优化计算,在模型中能够准确地模拟真实变量的波动,但无法模拟金融冲击导致的经济剧烈波动。而金融经济周期模型通过引入金融摩擦,刻画了外源融资升水、融资杠杆和道德风险之间的关系,在模型中再现了金融经济周期的剧烈波动。

计算题

1. 解:

由给出的模型

$$\begin{cases} Y_t = C_t + I_t \\ I_t = I_0 + \beta(C_t - C_{t-1}) \\ C_t = \alpha Y_{t-1} \end{cases}$$

整理可得到产出的动态方程：

$$Y_t = \alpha(1+\beta)Y_{t-1} - \alpha\beta Y_{t-2} + I_0$$

对比实际运行模型 $Y_t = 2.5Y_{t-1} - 2Y_{t-2} + 40$，可得：

$$\begin{cases} \alpha(1+\beta) = 2.5 \\ \alpha\beta = 2 \end{cases}$$

解此方程组得：

$$\begin{cases} \alpha = 0.5 \\ \beta = 4 \end{cases}$$

2. 解：

$Y_1 = 1\,000, Y_2 = 2\,500, Y_3 = 3\,750, Y_4 = 4\,125, Y_5 = 3\,439, Y_6 = 2\,034, Y_7 = 611, Y_8 = -116, Y_9 = 214, Y_{10} = 1\,437, Y_{11} = 2\,943, Y_{12} = 3\,978, Y_{13} = 4\,023, Y_{14} = 3\,058, Y_{15} = 1\,563, Y_{16} = 288, Y_{17} = -132, Y_{18} = 514$。

峰值分别出现在第 4、第 13 年；谷底值分别出现在第 8、第 17 年。周期跨度为 9 年。

论述题

1. 答：

纵观改革开放以来中国渐进式的改革进程，可以发现由制度变迁冲击对经济增长和波动产生的影响深远而重大。

改革开放以来中国的经济制度变革整体上呈渐进式，但是整个过程的渐进式并不排除局部时期的激进，中国的制度变革实际上表现为长期渐进中有短期激进。在 1979～2002 年的 22 年间，有 5 个改革措施密集出台的改革强化期：1979 年、1984～1985 年、1987～1988 年、1992～1993 年和 1994 年，这几个时期的改革表现出一定程度的激进性。从前 4 个时期来看，每一次激进之中总是伴随比较高的通货膨胀，之后又跟随着或长或短的调整，以消化制度激进产生的经济过热，可见激进的代价是经济震荡。1994年以来，政府集中推出了住房、医疗、教育、社会保障和国有企业解贫脱困等多项配套改革，认为改革已进入攻坚完善阶段。这些改革原本目的是为了令1992年和1993年过热的经济能够实现"软着陆"，但事实是"软着陆"的目标实现了，却又遭遇了通货紧缩。通货紧缩的出现虽然有东南亚金融危机这一外因，但从内因上说，与1994年推行的这些激进的配套转轨措施有关。对居民而言，主要改变的是付费原则的变化，由国家和单位负担改为自己负担，由于涉及的多为需求弹性小的必需项目，因此居民的储蓄倾向增加，边际消费倾向减小，宏观上表现为成本大于收益的紧缩效应，使得经济增长难以有效回升。

另一方面，中国经济制度变革对经济周期影响呈现阶段性特征，与市场类型的变化相协调，改革措施的推出与我国的经济周期波动有高度的吻合性。就经营和产权制度而言，改革开放后第一次经济周期的上升阶段与农村家庭联产承包制的推行和农产品市场化相关。这个阶段性在全社会范围内表现为1984年之前以农村改革为主题，将农村生产制度从集体化为主变成为农民个体经营为主。第二次经济周期与城市经济体制改革和工业品市场化有直接关联。1984年以后开展了以城市为中心的全国性生产、分配、交换制度的改革，按照市场经济的要求系统创新，原来的二元公有制逐步变成为"以公有制为主体、多种所有制形式并存"的多元所有制格局。第三次经济周期是由价格双轨制的推进和生产资料市场化所推动。在此期间表现为1992年以前主要推行的是"放权让利"的承包制和试行股份制；1992年以后，按照现代企业制度要求，开展多种途径的产权制度改革，重点是用股份制来改组国有产权结构，通过大力发展直接融资为特征的资本市场，加大国企产权制度转换的进度。第四次经济周期与要素市场化及构建宏观新体制框架相关。始于1994年的企业体制、教育体制、医疗体制、住房体制等改革,使原来由国家提供的福利性服务消费改为由居民自己负责,导致居民预期改变,防范心理增加,宏观紧缩效应由此产生。

2. 答:

投资波动影响我国经济周期性波动的具体传导机制如下:首先,在我国,投资波动特别是固定资产投资的扩张与收缩将直接带动生产资料生产部门的扩张与收缩,从而对总体经济周期性波动产生影响。在我国的历次经济周期中,固定资产投资一直是推动我国经济走向高涨的重要力量,每当固定资产投资增长速度上升,生产水泥、钢材等生产资料部门首先快速增长,由于产业关联性作用,它们会推动其他产业部门的发展,从而推动整个经济水平的上升;相反,固定资产投资的收缩,也将会带动整个经济的回落。

其次,投资的扩张除了直接促使社会总需求高涨外,还会促进就业,使居民的收入增加,从而促使社会的消费需求增加,这又会间接促使社会总需求增加。企业为了适应社会总需求的增加又会增加投资,于是需求又会增加……价格和利润就会在这一过程中上升,又为下一轮的投资提供资金保证,从而经济出现累积性扩张。但当经济扩张到一定程度后,由于出现能源和原材料方面的瓶颈制约以及产业结构的失衡,投资会出现下降,经济进入收缩阶段。在经济进入低谷期以后,政府为了刺激经济,又进一步采取扩张的宏观调控政策,经济又进入了新一轮的扩张和收缩。投资波动便是通过上述过程导致了经济的周期性波动,成为影响我国经济周期性波动的重要因素。

3. 答:

金融经济周期是通过银行负债渠道和资产负债表渠道两种机制进行传导而形成持续性波动和周期性变化的。

银行信贷渠道主要从银行角度考察金融经济周期,经济周期的传导以银行中介为核心。一方面,货币负向冲击(如银行超额准备金降低)导致银行交易账户资金的减少和名义利率的提高,这意味着家庭持币余额的降低。为了使市场出清,债券(或贷款)的真实利率将提高,这会影响利率敏感型投资支出,从而最终抑制总需求和总产出。另一方面,金融冲击改变银行资产组合,而非货币性资产是不完全替代的,各类资产对真实经济的影响不同。家庭根据冲击调整资产组合中银行存款和债券的持有比例,形成了经济周期的传导机制。

资产负债表渠道主要从企业角度考察金融经济周期。金融市场的缺陷是决定金融经济周期特征的关键因素。企业资产负债表与融资能力之间的关系可以用代理人问题、信息不对称和担保不足来解释。由于逆向选择和道德风险的存在,企业的净资产、留存收益和融资结构与投资关系极为紧密。当资本市场存在缺陷时,由借贷双方代理人问题导致的金融摩擦会使内源融资和外源融资的可替代性大打折扣。银行为了在贷后检查中监督企业实现的收益,不得不承担审计成本,而企业家作为内部人却可以无成本地获得相关信息。信息不对称下的审计成本是贷款风险升水的直接原因,直接决定贷款合同中的资金价格。负向冲击会降低企业收益,增加成本,减少净资产价值,提高财务杠杆,从而恶化企业的资产负债表和企业的融资条件,导致外源融资的可获得性降低或融资升水的提高。如果企业外源融资依赖性强,冲击将被这种传导机制放大数倍。当金融摩擦严重时,金融周期波动尤为明显。

案例分析题

1. 从该表中可归纳出我国经济周期的主要特征:
   (1) 周期长度不规则,发生频率高。1953～1994 年,我国共发生 9 次周期性经济波动,最长为 7 年,最短为 2 年,平均长度为 4.6 年。经济周期长短不一,呈现极不规则的状态,这说明我国的经济运行受随机因素影响较大。美国在

1796～1937 年共发生 17 次经济周期,平均长度为 8.35 年。与美国相比,我国经济周期发生频率相对较高,既不同于一般国家经常出现的中周期,也不同于平均长度为 40 个月的短周期。

(2) 波动幅度大。从经济周期的振幅看,从峰顶到谷底的落差最大的是 52.5%,最低的也有 5.7%,9 次经济周期的平均振幅为 21.41%。如此大的经济波动是不多见的。

(3) 经济周期具有明显的阶段特征。① 1950～1956 年是恢复国民经济和基本社会主义改造阶段。其中,1950～1952 年,经济增长具有恢复性质。1953～1956 年为第一个经济周期,为混合经济阶段。该周期为接近平均周期长度的增长型周期,经济波动幅度较小。② 1957～1978 年为单一计划经济阶段。在这个阶段,经济波动频繁,波动幅度也较大。共发生 5 次经济周期,其中包括 4 个古典型周期,经济出现严重的停滞或负增长。从第 2 个周期到第 5 个周期是波动最大的 4 个周期,落差分别达到 26.5%、52.5%、35.2% 和 22.3%。尽管经济波动幅度较大,但物价没有明显的波动,这主要是因为物价处在政府严格控制之下。③ 改革开放以来为经济发展模式和体制模式转轨变型阶段。改革开放使我国的经济运行机制发生了显著变化。1979 年以来,共发生 3 次经济周期,它们都是增长型周期。与过去相比,波动幅度大大减缓,周期长度有增加的趋势,而增长处在一个较高的水平上。这说明我国经济开始进入一个快速、稳定增长的时期。这一时期经济增长波动与经济波动的相关度逐渐增强,物价开始成为反映经济景气波动的重要指标之一。

(4) 经济周期的扩张与收缩比值低于发达国家水平。我国经济周期的扩张收缩比约为 1:1,低于发达国家的平均上升期与下降期比值 2:1。一般而言,经济周期上升期的经济效益要高于下降期的经济效益。这说明我国经济整体效益仍处于一个较低的水平上。

2. 对于我国经济的周期波动,可从过度投资理论和心理理论等方面进行解释。但应该注意到,由于在社会制度、经济发展阶段和经济环境等方面与西方社会不同,我国经济周期的原因又具有自身的特殊性。

(1) 投资的周期波动是经济周期波动的直接原因。过度投资理论认为,过度投资使资本品生产和消费品生产之间的发展不平衡,结果会造成经济波动。在我国,固定资产投资波动的形态与社会总产值增长率波动的形态存在高度的一致性,因此可以说,投资波动是导致我国经济波动的直接原因。但在我国,这两者之间的关系还有一些自身的特征。

一是资源约束下的投资冲动。我国社会主义制度的性质和生产目的决定了国家或企业部门总是力图在尽可能大的程度上扩大再生产规模,于是很自然地形成一种"扩张欲望",或称为"投资饥渴症",再加上投资责任不明确、投资扩张自我约束机制薄弱等原因,使得投资扩张冲动增强,投资增长率常常上升到惊人的高度。在高度投资扩张的同时,由于投资结构不合理,特别是电力、原材料等基础工业投资不足,发展严重滞后,使投资扩张引致需求推动的经济增长遇到资源供给"瓶颈"的制约,最终出现经济的大幅波动。

二是投资效益过低。投资效益低必然对应着较弱的乘数效应,从而使得投资的高速增长只能带来较少的国民收入增量,这显然又会对下一期的资本积累造成影响。使连续的投资增长无法再继续下去。于是,投资增长推动经济增长的链条出现中断,经济增长出现不可避免的下降。

(2) 心理预期的影响。心理理论认为,社会公众的心理预期会影响人们的消费需求,而消费需求又影响投资需求和厂商的投资行为,最终将影响经济的周期波动。从我国的情况看,在前几个周期中,心理预期因素对经济周期波动的影响不明显。但在后几个周期中,心理预期的影响比较显著。这主要是因为,这一阶段医疗、住房、教育和养老保险制度的改革力度逐渐增大,使居民增加了对未来支出的预期,这使得人们的即期消费减少,而各期的储蓄增加;受供求变化、商品价格不断走低的影响,投资回报率偏低,企业对未来投资收益的预期降低,投资意愿减弱。这说明,周期的收缩期延长一般与经济主体对未来经济预期不乐观有直接关系。

3. 除此之外,我国的经济周期性波动还有一些特殊的原因。

(1) 经济结构不合理。经济结构对经济波动的影响是比较间接的,因而往往被西方学者所忽视。但在我国改革开放以来的经济波动中,经济结构却起到了相当重要的作用。具体表现为:① 忽视市场需求,盲目进行一些低水平的重复性建设而导致生产过剩,从而引起供求失衡。这是由产业结构不合理所导致的经济波动。② 在相当长的时间里,投资需求与消费需求的增长不相协调——投资增长远远快于消费需求的增长,结果造成需求结构不合理而引发经济波动。③ 收入平均化和收入差距扩大化并存,导致社会平均消费倾向不稳定。这是由收入结构不合理所带来的经济波动。

(2) 经济体制、经济决策的影响。经济体制、经济决策虽然不是形成经济周期的根本原因,它们不能创造或消灭经济周期,但它们的出现可能对经济周期波动的具体形式如周期的振幅、波型、长度等具有很大影响。这也是我国经济周期的一个显著特征。

就经济管理体制而言,无论改革前或改革后,在经济运行中始终存在着与经济周期波动相关的两股力量：一股是由投资的无责任制所产生的"投资饥渴症"或"投资扩张"，另一股是由分配上的"大锅饭"及管理上的僵化所形成的生产活力的丧失和经济效益的低下。在这种体制下，即使政府决策不出现失误，也会在经济运行中内在地产生出投资需求无限扩张的冲击力量。

就政府干预经济的决策而言，我国政府运用行政力量管理经济职能，与资本主义国家相比，不仅本质不同，而且作用程度更大。因此，经济决策和政治需要在经济周期波动实现的过程中发挥着重要作用。在计划经济体制下，经济发展服从于政治目标的追求，政治目标以及政治运动引起的狂热，常常支配经济机制以不符合规律的方式发展，最终导致经济动荡。改革开放以来，我国逐步由计划经济体制向市场经济体制转变，形成了多种经济成分共同发展的新局面，地方和企业的自主权相应扩大，生产决策权和投资权趋于多元化。计划部门指令性的投资控制效力呈下滑之势，越来越多的企业开始以市场动态、投资活动的趋势等指标来预测经济周期的发展前景，景气循环的可预期性显著提高，市场信号和投资回报预期的利益刺激，正在成为引导投资决策的基本依据。总体上看，经济周期呈现振幅渐缓、周期长度渐长的趋势。

第八章 维持稳定的宏观经济政策

学习要点

1. 掌握宏观政策时滞效应的含义，了解财政政策和货币政策的时滞效应表现特征。
2. 理解卢卡斯批判的含义。
3. 理解单一规则和相机抉择的含义。
4. 理解前后不一致理论的理论内容。
5. 掌握货币政策和财政政策单一规则的内容。

名词解释

1. 内部时滞
2. 认识时滞
3. 决策时滞
4. 行动时滞
5. 外部时滞
6. 理性预期
7. 卢卡斯批判
8. 单一规则
9. 相机抉择
10. 前后不一致性（动态不一致性）
11. 赤字（盈余）规则

12. 支出规则

简答题

1. 宏观经济政策无效的原因主要有哪些?
2. 简述时滞效应在财政政策和货币政策中的不同表现。
3. 试比较宏观经济政策中的单一规则与相机抉择。
4. 为什么会出现政策的前后不一致性问题?
5. 现实中是否能做到真正的"理性预期"? 阐述你的理由。
6. 主要有哪些货币政策的单一规则?
7. 简述财政政策的单一规则包含的种类,并对其作必要的评价。

论述题

1. 在存在时滞效应的情况下,为什么就业不足时政府实施的需求扩张政策是无效的? 请以图例进行必要的说明。
2. 以 AD-AS 模型为依据,请简要说明在理性预期的假设前提下,为什么传统凯恩斯主义宏观经济政策会失效?
3. 实现经济的稳定发展是我国货币政策的主要目标,然而在很多年份(比如 1988 年、1994 年等),我国的物价指数却急剧攀升,表现出较高的通货膨胀率。试从政策的动态不一致性角度阐述这一现象产生的原因。

参考答案

名词解释

1. 是指冲击发生到相应的经济政策实施所花费的时间。

2. 是在冲击出现与决策者确认必须实施适当的宏观经济政策之间的那段时间。

3. 是认识到需要采取行动到政策确定之间的时间间隔。

4. 是政策决定和政策开始实施之间的间隔。

5. 是指政策实施后到政策行为对经济产生影响的时间。

6. 是指公众预先充分掌握了一切可以利用的信息,并在对这些信息进行理智整理的基础上预测出来。之所以称为是"理性的",是因为它是公众对历史能提供的所有信息加以最有效利用,并经过周密的思考后,才作出的一种预期。理性不仅是对经济变量取值的预测,而且是对这个取值的概率分布的判定。

7. 指卢卡斯对传统政策评估的批判。卢卡斯认为,由于传统的政策评估方法——比如依靠标准宏观经济计量模型的方法——没有充分考虑到政策对预期的影响,因此传统的凯恩斯模型不能用于研究政策变化的影响。这一结论的基点在于公众往往会对政策变化所带来的影响作出理性预期,并相应地改变自己的行为,使得政策效果和政策意图不一致。

8. 是指决策者在事先向公众发布了各种情况下政策如何制定的信息后,始终遵守事先的各种承诺的政策实施行为,它体现出决策者的公信力。

9. 是指决策者不受任何单一规则的制约,而是根据实际情况最优化当期政策选择,使得宏观经济政策的实施有很大灵活性的政策行为。

10. 是指经济政策实施过程中由于政府和公众的行为选择发生改

变而使得政策不一致的现象。出现这种现象的原因在于：在一项当初看来可能是最优的政策出台之后，公众便开始对政策的影响及其效果形成预期，在预期转化为行动之后，决策者就会对政策作出修改，结果却是当初看来是最优的政策被抛弃。

11. 是以保证一定的财政预算赤字为目标的政策规则。

12. 是指财政政策中对支出领域规定支出上限的政策行为。

简答题

1. 答：

首先，政策存在时滞效应是宏观经济政策对于稳定经济无效的主要原因。政策时滞体现在宏观经济政策的制定与执行，以及政策产生影响的每一个阶段。它分为内部时滞和外部时滞，其中，内部时滞是指冲击发生到相应的经济政策实施所花费的时间，又包括认识时滞、决策时滞和行动时滞；外部时滞则是政策实施后到政策行为对经济产生影响的时间。由于时滞的存在，经济稳定政策要取得成功几乎是不可能的。不仅如此，由于时滞效应，政府为稳定经济所做的努力反而有可能成为导致经济不稳定的一个因素。

其次，理性预期的存在也将导致传统的经济政策无效。以卢卡斯等人为代表的理性预期学派强调在政策实施的同时，人们的预期会针对政策的变动作出相应的调整。而凯恩斯主义并没有充分认识到政策对于预期的这种影响，这也是导致凯恩斯主义政策无效的一个原因。

2. 答：

实施财政政策和货币政策具有不同的时滞效应。

首先，财政政策调节经济运行的难题在于内部时滞过长。各国财政政策的实施，都需要经过国会或政府机构的表决、批准，有时甚至需要立法，复杂而缓慢的审核与批复程序往往延缓财政政策的实施。但不同的国家具有不同的制度，在英国这样的议会制国家,内部时滞较短,财政政策能够很快实施。此外,对应于不同的财政政策,政策时滞也不相同。政府购买政策(主要是政府采购和基础设施投资)的行动时滞和外部时滞较长(由于政府购买需要调动的资源庞大,而基础设施建设周期长),税收政策的决策时滞长而外部时滞短(税率的变化需要相关政府机构和国会的批准,但税率一经改变就会对经济产生影响)。

其次,货币政策的内部时滞,相对于财政政策而言要短得多,原因在于中央银行可以在很短的时间内决定并执行新的货币政策。但货币政策的外部时滞却很长。货币政策外部时滞的长短取决于中央银行与商业银行、居民、企业和政府等一系列经济主体的直接和间接关系,这些关系又主要由金融市场和商品市场的运行所决定,但中央银行往往难以把握和控制其他经济主体的反应,而这一系列行为主体的反应特征在很大程度上会影响货币政策的传导过程。所以,货币政策的外部时滞一般长于内部时滞。

3. 答:

首先,单一规则是指决策者在事先向公众发布了各种情况下政策如何制定的信息后,始终遵守事先的各种承诺的政策实施行为,它体现出决策者的公信力;相机抉择是指决策者不受任何单一规则的制约,而是根据实际情况最优化当期政策选择,使得宏观经济政策的实施有很大灵活性的政策行为。

其次,在单一规则的宏观经济政策中,不管经济形势如何变化,政策应当采取某种既定的单一规则;而在相机抉择的条件下,宏观经济政策的制定是以宏观经济状态为依据的,任何时点的宏观经济政策都不应是固定的,而应随经济状态灵活变动。

4. 答:

从某个时点开始,决策者需要选择一组政策组合,以使经济绩效达到最优,当前所制定的政策组合,包括了现在和将来两个不同时间段的政策实施计划。但是,在将来的某一个时点决策者发现,如果实施不同于前期所确定下来的那些政策组合,有可能会带来更好的经济绩效,决策者于是根据后来所在时点的经济状况,设计出一组新的政策组合,这就会产生政策的不一致性问题。

5. 答:(以下答案仅供参考)

　　现实中很难做到真正的"理性预期",这是因为理性预期是公众充分掌握了一切可以利用的信息,并在对这些信息进行理智整理之后所作出的对未来的预测。主要有两个理由使得理性预期难以实现。

(1) 存在较高的信息成本。信息成本是公众获取和处理那些公开获得的信息,以形成理性预期所需的成本,包括时间、努力和金钱。既然获取和处理信息有成本,那么公众就不可能使用所有可得到的公开信息。

(2) 正确的经济模型难以构建,因而难以利用经济模型进行预测。由于经济学家们自己连什么是正确模型都存在巨大的分歧,那么公众在现实中也就难以运用正确的经济模型的知识;同时,分散的市场行为主体也难以了解经济的真实模型。

6. 答:

(1) 弗里德曼的观点,即货币量的供给应保持在一个固定的增长率水平,这样能够保证产出、就业与物价的稳定。

(2) 将名义 GDP 稳定在一定水平上作为目标。根据这种规则,中央银行将对外公布一个计划的名义 GDP。如果名义 GDP 高于计划目标,就降低货币增长率,以抑制总需求;如果名义 GDP 低于计划目标,则提高货币增长率,刺激总需求。

(3) 以通货膨胀为目标的单一规则。根据这种规则,中央银行事先公布最低通货膨胀率目标,当实际通货膨胀率偏离这一目标,中央银行就调整货币供给。

7. 答：

目前为各国政府广泛采用的财政政策的单一规则主要有两种：即赤字（盈余）规则与支出规则。

（1）赤字规则是保证一定的财政预算赤字为目标，其优点在于能够与一个公众可以直接了解的宏观经济指标相联系，增加了政策的透明度。

（2）支出规则通常是对支出领域规定支出上限，这样的安排能够使公众较好地理解财政支出方向，加强财政支出的约束，同时不影响自动稳定器在收入和支出两方面发挥作用。其不足之处在于在经济的周期波动中，限制了财政政策调整的灵活性。此外，规定支出的上限，往往会产生"拆东墙补西墙"的不均衡发展现象。

论述题

1. 答：

由于时滞效应的存在，经济出现就业不足时政府实施的需求扩张政策，一方面使得政策在短期内不能发挥应有的作用，另一方面在滞后期内还有可能因为经济的自发调整使得政策的实施对就业的作用进一步加大，自由调整与政策干预的效应"叠加"将有可能使得劳动力市场产生过度就业即过度均衡的结果。

图中的 A 点描述了经济处于就业不足时的一种情况，此时产出低于潜在 GDP，经济中存在着资源的闲置。

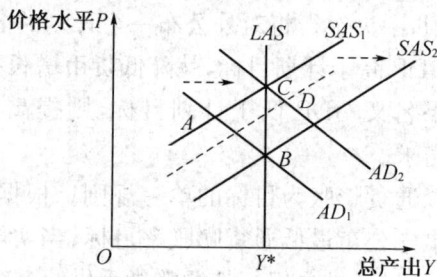

(1) 如果不考虑政府政策的作用,让经济自发调节,短期总供给曲线在长期将从 SAS_1 右移到 SAS_2,经济也会从 A 点移动到 B 点。

(2) 如果政府没有考虑到政策的时滞效应,而是认为政策能够对经济稳定起到瞬时的作用。在这种情况下,政府实施需求扩张的政策,通过拉动总需求从 AD_1 右移到 AD_2 而试图使经济走出就业不足的状态,即政府试图使经济从 A 点移动到 C 点。

(3) 由于政策时滞的存在,政府的政策对经济并不会在瞬间发挥作用,当总供给曲线经过自发调整而右移了一段时间后,总需求政策才开始发挥作用,AD_1 右移到 AD_2。此时,新的均衡点为 D 点,即 AD_2 与虚线所代表的短期总供给曲线的交点,而非 C 点。总而言之,政府实施的需求扩张政策并没有实现经济平稳运行的目标,而是导致了过度就业。

2. 答:

在图例的 AD-AS 模型中,经济起初在点 A 处运行,该点是初始的总需求曲线(AD_0)与短期总供给曲线(SAS_0)及长期总供给曲线(LAS)的交点,经济处于充分就业水平。

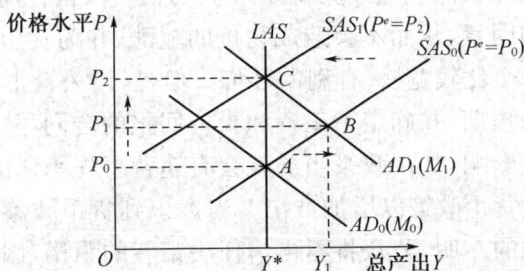

假设决策者为刺激经济,宣布将要增加货币供给。政府将货币供给量由 M_0 增加到 M_1,总需求曲线将由 AD_0 向右移动到 AD_1。如果工人和企业对此没有任何反应的话,短期总供给曲线将保持不变（SAS_0）。扩张性货币政策的实施将使总产出 Y^* 增加到 Y_1（这是凯恩斯主义的观点）。根据理性预期的观点，理性的公众在形成自己的预期时，会将因扩张性政策所导致的价格上升考虑进自己的预期，即工人与企业预期未来的价格水平会上升（AD_1 与长期总供给曲线 LAS 的交点）。这将会导致总供给曲线由 SAS_0 向左移动，直到 SAS_1。经济将从 A 点迅速移动到 C 点，因此货币供给的增加并没有使产出获得增加，而仅仅造成通货膨胀（从价格水平 P_0 上升到 P_2）。

3. 答：

在我国，货币政策当局即中国人民银行既关心通货膨胀，又关心经济增长，但这两种政策在一般情况下是存在矛盾的，即要想获得较高的经济增长，就极有可能出现较高的通货膨胀率，反过来，要想降低通货膨胀率，则极有可能牺牲较高的经济增长。这使得货币政策当局处于政策两难的境地。实际上，通货膨胀与经济增长之间的取舍关系取决于公众的通货膨胀预期。因而，货币政策当局就会希望公众的通货膨胀预期比较低，并向公众宣布低通货膨胀是货币政策的首要目标（与《中国人民银行法》的货币政策目标是一致的）。公众对通货膨胀预期比较低，不会过多地在工资与投资回报合同中考虑通货膨胀的因素，从而不会造成物价的上涨，并为货币政策的实施创造一个比较宽松、有利的环境。但是，当公众形成了低通货膨胀的预期，并确定了工资和投资回报的合同，从而不会对物价造成影响，货币政策当局就会有违背事先承诺的激励，实施扩张性货币政策以增加产出。当意识到货币政策当局已改变了事先的声明，公众将不再信任决策者的承诺，因而将会产生较高的通货膨胀预期，在预期自我实现的机制下，较高的通货膨胀将最终形成。

第九章 经济增长及其核算

学习要点

1. 了解经济增长的典型事实。掌握索洛模型的推导过程,理解平衡增长路径的具体含义。
2. 理解索洛模型稳态时,经济特征的具体表现。了解在索洛模型中,储蓄率和劳动力增长率对增长率的影响。
3. 理解资本积累的黄金率水平的含义。
4. 掌握经济增长核算的方法。
5. 理解绝对收敛和条件收敛的含义。

名词解释

1. 经济增长
2. 人力资本
3. 技术进步
4. 环境库兹涅茨曲线
5. 索洛模型
6. 稳态
7. 资本积累的黄金律
8. 增长核算
9. 收敛
10. 绝对收敛

11. 条件收敛

12. σ 收敛

13. 俱乐部收敛

简答题

1. 不同国家的经济增长率为什么会有那么大的差异？影响国家经济增长的初始条件有哪些？初始条件是如何影响一国经济增长的？

2. 索洛模型是如何分析经济增长的稳定性的？

3. 在索洛模型中，提高储蓄率对经济增长的短期和长期影响有哪些？

4. 在索洛模型中，劳动力增长率的增加对长期稳态的增长率有什么影响？对国民收入水平有什么影响？

5. 讨论一国可以增加其潜在产出的三条路径，每条路径可能的实现方式以及不同路径对一国经济增长水平的总体影响。

6. 在有技术进步的索洛模型中，简要分析其稳态条件。

7. 根据新古典模型，是否存在最优的储蓄水平，是如何决定的？

8. 根据新古典模型，发展中国家是如何实现对发达国家的经济赶超的？如果要实现这一目标，发展中国家要具备哪些条件？

9. 影响不同国家经济收敛的因素有哪些？在世界经济一体化的趋势中，有哪些因素会加快不同国家之间经济的收敛速度，有哪些因素会阻碍经济的收敛？

计算题

1. 在新古典增长模型中，生产函数为 $y = f(k) = 4k - k^2$，人均储蓄率为 0.6，如果人口增长率为 3%，求使经济均衡增长的 k 值。

2. 假设一国长期的 GDP 的目标增长率为 1%，劳动投入和人口以每年 1% 的速度增长。

(1) 为了达到人均 GDP1‰的增长目标,GDP 的增长率应该是多少?

(2) 假定技术进步率为 0.5%,根据本章所介绍的增长核算方法,为了达到人均 GDP 的目标增长率,资本存量的增长率需达到多少? 如果没有技术进步,资本存量的增长率需为多少?

3. 假设生产函数采取柯布—道格拉斯形式：$Y = K^{\alpha}(AL)^{1-\alpha}$,$\alpha \in (0,1)$,仿照(9.22)式,求有效的人均资本和有效的人均产出的收敛系数。

4. 在新古典增长模型中,如果某国经济生产函数为 $Y = K^{1/3}(AL)^{1-1/3}$,其中技术进步率为 3%,设人口增长率为 3%。求收敛系数及走完平衡增长路径距离的一半需要多长时间。

5. 在新古典增长模型中,生产函数为 $y = f(k) = 6k - k^2$,人均储蓄率为 0.5,设人口增长率为 2%。求黄金分割律。

6. 求在稳态条件下每单位有效劳动的平均产出 y^* 对劳动增长率的弹性。如果 $\alpha_K = 2/3$,$s = 0.5$,$g = 3\%$,$\delta = 1\%$,则当 n 从 3% 降至 2%时,y^* 将上升多少?

7. 考虑一个经济的生产函数为 $Y = F(K,AL)$,$\alpha_K = 2/3$,问：人均生产函数是多少? 假设没有技术进步和人口增长,找出稳态条件下的人均消费、人均产出和人均资本?

8. 在有技术进步的索洛模型中,生产函数为 $Y = F(K,AL)$,A 为技术,以不变的速度 x 增长,资本存量变化的条件是：$\Delta K = sF(K,A_tL) - \delta K$。

(1) 推导出人均资本存量 k 的动态方程,稳态时 k 的增长率和人均产出的增长率。

(2) 如果 k 为 K/AL,即表示为有效劳动人均资本,y 为 Y/AL,即表示为有效劳动人均资本产出,推导出 k 的动态方程,稳态时 k 的增长率和 y 的增长率。和(1)题进行比较有什么区别?

论述题

1. 根据有效人均资本的表达式 $\dot{k}=sf(k)-(n+x+\delta)k$,对其在 k^* 附近进行泰勒展开,并去线性项(对数线性化),得到的结果 和 $\dot{k}\approx-[1-\alpha_K(k^*)][(n+x+\delta)(k-k^*)]$ 式相比有什么 区别?

2. 考虑一个经济的生产函数为 $Y=K^aAL^bM^{1-a-b}$,M 为除了劳动、资本和技术外影响经济增长的要素比如能源,$a,b\in(0,1)$ 且 $1-a-b>0$,资本的运动方程如下:$\Delta K=sF(K,A_tL,M)-\delta K$,其中技术、劳动和能源的增长率是外生的,增长率分别为 x,n 和 0。该经济是否存在稳定且唯一的平衡增长路径?

3. 考虑两个经济的生产函数为:$y_i(t)=f(k_i(t))$。其中 $y_i(t)$ 表示有效人均产出,$k_i(t)$ 表示有效人均资本,i 为 1 或 2。假定 $\Delta K_i(t)/K_i(t)=sY_i(t)/K_i(t)-\delta$,两个经济具有一样的人口增长率和储蓄率,人口增长率为 n,$\Delta A_1(t)/A_1(t)=g$,$A_2(t)=A_1(t+5)$。讨论两个经济在平衡增长路径上的 k 值是不是一致。

4. 在国民收入分配时,把较大比例的 GDP 用于投资,有助于提高经济增长率,并提高人民的生活水平。根据索洛模型说说你的看法?

5. 利用增长核算公式,说明劳动生产率的提高是全要素生产率的提高与资本的产出弹性和资本 — 劳动比之乘积的和。

6. 本题在基本索洛模型中引入政府支出。是没有技术变革的基本模型,并假设下述公式

$$Y(t)=C(t)+I(t)+G(t),$$

其中 $G(t)$ 代表 t 时的政府支出。政府支出由 $G(t)=\sigma Y(t)$ 给定。

(a) 讨论收入与消费之间的关系应如何改变。假设 $C(t)=sY(t)$ 是否合理?

(b) 假设政府支出部分来自私人消费,因此有 $C(t) = (s - \lambda\sigma)Y(t), \lambda \in [0,1]$。更高水平的政府支出(更大的 σ)对索洛模型的均衡有何影响?

(c) 现假设 $G(t)$ 的一部分 φ 投资于资本存量,因此 t 时总投资为:

$$I(t) = (1 - s - (1 - \lambda)\sigma + \varphi\sigma)Y(t)。$$

表明如果 φ 足够大,那么稳态时资本－劳动比率会因为更高的政府支出水平(即更大的 σ)而增大。这是否合理?有没有其他方法将公共投资引入模型?

7. 考虑一个持续性索洛增长模型的修正版本,其总生产函数为

$$F(K, L, Z) = L^\beta K^\alpha Z^{1-\alpha-\beta},$$

其中 Z 是土地,供给固定无弹性。假设 $\alpha + \beta < 1$,资本折旧率为 δ,储蓄率外生给定为 s。

(a) 首先假设没有人口增长。在稳态产出水平找出稳态资本－劳动比。证明稳态是唯一的和稳定的。

(b) 现假设人口增长率为 n,即 $\dot{L}/L = n$。当 $t \to \infty$ 时资本－劳动比率和产出水平如何变化?土地报酬和工资率如何变化?

(c) 你预期该经济中人口增长率 n 或储蓄率 s 会随时间改变吗?如果是,那么如何改变?

8. 考虑储蓄率固定不变,资本折旧率为 δ 的索洛增长模型。假设人口固定不变,生产函数规模不变:

$$F(A_K(t)K(t), A_L(t)L(t))$$

其中,$\dot{A}_L(t)/A_L(t) = g_L > 0$,$\dot{A}_K(t)/A_K(t) = g_K > 0$。

(a) 假设函数 F 为柯布道格拉斯生产函数。求平衡增长路径的增长率以及平稳状态下的经济调整。

参考答案

名词解释

1. 指一国或地区在一定时期内所生产的商品和劳务能力的增长（潜在 GDP 的增长）或指其产出水平的提高。

2. 是指依附在劳动者身上的体力和智力的总和,这种体现在人体内,对生产发挥重要促进作用的有用知识和技能被称为人力资本。

3. 指新知识创造、新技术发明在社会生产中得到推广运用,并产生物质财富,从而不断提高社会经济效益的全部过程。

4. 1991 年美国经济学家 Grossman 和 Krueger 在研究中发现经济增长与环境污染关系呈倒 U 型曲线关系,这条曲线被称为环境库兹涅茨曲线。

5. 是 20 世纪 50 年代由索洛提出的一个增长模型。其基本假定是：生产规模报酬不变;社会的平均储蓄倾向不变, $S=sY$;劳动力按不变速度增长。其基本结论是： $sf(k)=\Delta k+nk$ 。表明经济中存在着一条稳定的均衡增长路径。由于其基本假设和分析方法沿用了新古典经济学的思路,又称新古典增长模型。

6. 长期中一国或地区经济达到的一种均衡状态,各变量保持不变。

7. 由费尔普斯(1961)提出,当资本的边际生产率等于人口增长率时,储蓄或者资本水平达到最优。

8. 指定量分析资本、劳动和技术进步对经济增长的各自贡献份额。

9. 源于数学用语,含义是一个数列收敛于某一个值。而在经济分析中,收敛指的是国家间或地区间的收入差距随着时间的推移存在着减少的趋势。

10. 是指贫穷的国家或地区往往比富裕的国家或地区有更高的增长率。换句话说,经济增长率和经济发展水平之间存在着负相关;并且,随着时间的推移,所有的国家或地区将收敛于相同的人均收入水平。

11. 此类收敛放弃了各个经济体具有完全相同的基本经济特征的假定,从而意味着不同的经济体也具有不同的稳态。在控制了稳态之后,初始收入低的国家或地区相对于高收入的国家或地区有更快的增长速度。

12. 指各国或地区的人均收入水平的离差随着时间的推移而趋于减少。

13. 指结构特征相似的国家或地区,其人均收入在长期中相互趋于收敛。但是穷国集团和富国集团之间却没有收敛迹象。

简答题

1. 答:

略。

2. 答:

索洛建立 $Y=AF(K,L)$ 的总量生产函数,并得到了如下的结论公式: $sf(k)=\Delta k+(n+g+\delta)k$,其中 k 为人均资本,即人均储蓄 = 资本深化 + 资本广化。在这个公式中,当 k 等于 k^* 时, $\Delta k=0$,即人均资本不发生变化, k 始终停留在自己所表示的水平上。由于 k 不变,所以 $y=f(k)$ 不变,这说明此时 y 也始终处在自己所表示的水平上。假设没有技术进步和折旧,已知 $y=Y/L$,当劳动力按照 n 比率增长时, y 不变,这意味着产量(即 Y)也按照 n 比率增长。这时几个有关的变量都处于均衡增长状态。当 $k<k^*$ 时, $sf(k)>nk$,即 $sf(k)/k>n$ 。根据基本公式 $\Delta k=sf(k)-nk$,可知 $\Delta k>0$,又因为 $f(k)=y=Y/L,k=K/L$,所以有 $sY/K>n$,即 $S/K>n$ 。根据模型的假设:储蓄全部转化为投资,而投资又转化为资本的增加量,所以 $S=I=\Delta k$ 。于是有: $\Delta k/k>n$ 。 $\Delta k/k$ 为资本增长率, n 为人口增长率(或劳动力增长率)。这说明,此时资本比劳动增加得快,资本—劳动比($K/L = k$)在增长。这就证明了,只要人均资本(K/L)低于均衡增长所需要的水平,经济中就有一种机制会使资本—劳动比不断地增长,直至达到所需要的水平(即 k^*)为止。当 $k > k^*$ 时,这个结论同样成立。

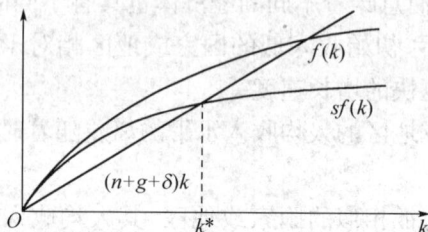

3. 答:

当储蓄率从 s 提高到 s' 时,稳态时人均资本将在更高的位置达到均衡,即 k^* 增加到 k^{**}。这就意味着更多的储蓄提高了 GDP 的增长水平,但储蓄率提高并不会改变稳态时 GDP 的增长率。储蓄率的上升,使原来的 $sf(k)=(n+g+\delta)k$ 被破坏,追求利润最大化的企业就会增加投资,这一过程一直持续到资本产出比上升到资本的边际产出的时候,经济重新回到均衡。

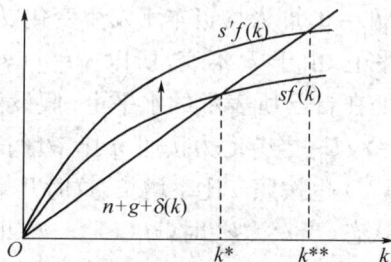

因此,储蓄率的变化只会暂时性地影响增长率,使经济更快地朝稳态收敛,而不会产生永久性的影响。储蓄率的变化只有水平效应,没有增长效应。

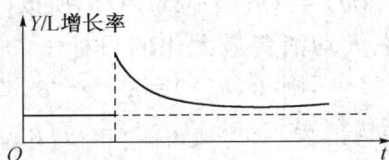

4. 答：

略。

5. 答：

（1）采用新技术，即提高整个 $y=f(k)$ 曲线。技术进步是一个经济长期持续增长的源泉。

（2）提高 s，这意味着增加积累和提高储蓄率。能实现到达稳态之前的短期增长。

（3）人口增长虽然跟总量的增长有关，但对人均意义上的增长没有意义。

6. 答：

当 $sf(k(t))>(n+g+\delta)k(t)$ 时，$\dot{k}(t)>0$；当 $sf(k(t))<(n+g+\delta)k(t)$ 时，$\dot{k}(t)<0$；当 $sf(k^*(t))=(n+g+\delta)k^*(t)$ 时，$\dot{k}(t)=0$，即实际投资与持平投资相等。无论 k 从何处开始，它都将收敛于 k^*。

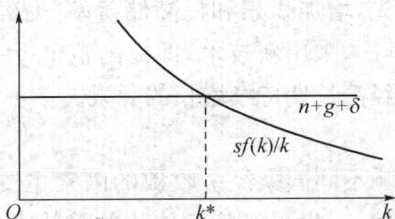

7. 答：

产出、储蓄和消费的关系：有效劳动的平均消费 $c=f(k)-sf(k)$，令 c 处在平衡增长路径上，则：$c^*=f(k^*)-sf(k^*)$，由

于 $sf(k^*(t))=(n+g+\delta)k^*(t)$，所以，$c^*=f(k^*)-(n+g+\delta)k^*$。在人均消费最大化的目标下，最优消费的一阶条件：$\partial c^*/\partial k^*=0$，则 $f'(k^*_{gold})=n+g+\delta$，即 k^*_{gold} 为黄金资本存量水平，最优消费 $c^*_{gold}=f(k^*_{gold})-sf(k^*_{gold})$，满足这个条件的储蓄为最优储蓄率。

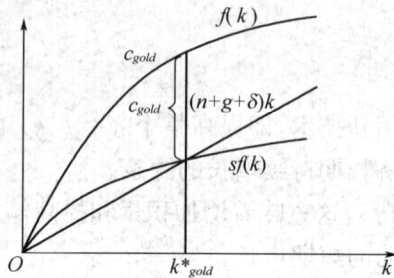

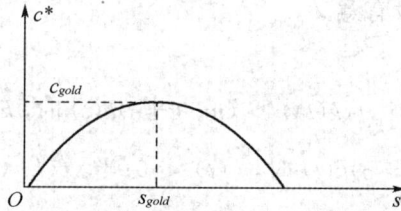

8. 答：

　　首先，增加积累和提高储蓄率，使经济以更快速度向稳态逼近。其次，采用新技术，即提高整个 $y=f(k)$ 曲线。技术进步是一个经济长期持续增长的源泉。

9. 答：

　　影响不同国家经济收敛的因素主要是国际贸易和资本的自由流动。在世界经济一体化的趋势中，强化国际贸易和资本的自由流动的制度会加快不同国家之间经济的收敛速度；弱化国际贸易和资本的自由流动的制度，如贸易壁垒等，则会阻碍经济的收敛。

计算题

1. 解：

在均衡增长路径上，资本－劳动比是不变的，所以：$k^* = sf(k^*)/n$。所以，$k^* = s(4k^* - k^{*2})/n$，解得：$k^* = 7/20$。

2. 解：

(1) 为了达到人均 GDP 1% 的增长目标，GDP 的增长率 $= 1\% + 1\% = 2\%$

(2) 根据增长核算公式：经济增长率 ＝ 技术进步率＋劳动增长率＋资本增长率。根据(1)题，经济增长率为 2%，所以在有技术进步条件下，资本增长率 $= 2\% - 0.5\% - 1\% = 0.5\%$；若没有技术进步，则资本增长率 $= 2\% - 1\% = 1\%$。

3. 解：

因为 $Y = K^\alpha (AL)^{1-\alpha}, \alpha \in (0,1)$，两边同除以 AL，得 $y = f(k) = k^\alpha$，由平衡增长的条件可知：$\dot{k} = k(k)$，在 $k = k^*$ 处对 $\dot{k}(k)$ 作一阶泰勒级数近似，可得：$\dot{k} \approx \left(\dfrac{\partial \dot{k}(k)}{\partial k} \bigg|_{k=k^*} \right)(k - k^*)$。

由于 $\dfrac{\partial \dot{k}(k)}{\partial k} \bigg|_{k=k^*} = sf'(k^*) - (n+g+\delta) = \dfrac{(n+g+\delta)k^* f'(k^*)}{f(k^*)}$

$- (n+g+\delta) = [\alpha_K(k^*) - 1](n+g+\delta)$。因此，$\dot{k}(t) \approx -[1 - \alpha_K(k^*)](n+g+\delta)[k(t) - k^*]$，在平衡增长路径上，$k$ 向 k^* 收敛的速度和 k 与 k^* 之间的距离成比例。其收敛系数 $\lambda = (1 - \alpha_K)(n+g+\delta)$。

4. 解：

根据题 3 的结论：收敛系数 $\lambda = (1 - \alpha_K)(n+g+\delta)$，得收敛系数 $= (1 - 1/3) \times 6\% = 4\%$。根据题 3 的推导过程可知：$\dot{k}(t) \approx -[1 - \alpha_K(k^*)](n+g+\delta)[k(t) - k^*]$，令 $x(t) = k(t) - k^*$，则 $\dot{x}(t) \approx -\lambda x(t)$，所以 x 的路径为 $x(t) = x(0)e^{-\lambda t}$，则 $e^{-\lambda t} =$

$0.5,t=-\ln(0.5)/\lambda=\ln2/0.04\approx18$。

5. 解：

因为 $f'(k^*_{gold})=n+g+\delta$ 为最优消费的一阶条件，$c^*=f(k^*)-(n+g+\delta)k^*$，最优消费 $c^*_{gold}=f(k^*_{gold})-sf(k^*_{gold})$，所以 $6-2k=2\%,k=2.99$，因此 $c^*=(6\times2.99-2.99^2)(1-1/2)$，这就是黄金分割率。

6. 解：

生产函数为 $Y=F(K,AL)$，在稳态条件下 $f(k^*)=k^a$，由于 $sf(k^*)=(n+g+\delta)k^*$，则弹性 $=(df(k^*)/dn)(n/f(k^*))=(k^*/s)(sn/((n+g+\delta)k^*))=n/(n+g+\delta)$。又由于 $\alpha_K=2/3$，所以 $sk^{*2/3}=(n+g+\delta)k^*$，得到 $k^*=(s/(n+g+\delta))^3$，所以 $f(k^*)=((n+g+\delta)/s)(s/(n+g+\delta))^3=(s/(n+g+\delta))^2$，$s=0.5,g=3\%,\delta=1\%$，当 n 为 3%，$f(k^*)=(0.5/0.07)^2$，当 n 为 2%，$f(k^*)=(0.5/0.06)^2$，y^* 将上升 $2\,500/36-2\,500/49$。

7. 解：

根据题意，生产函数为 $Y=K^{2/3}(AL)^{1/3}$，对方程两边同除以 AL，得到人均有效劳动的生产函数为：$y=k^{2/3}$。在稳态条件下 $sf(k^*)=(n+g+\delta)k^*$，没有技术进步和人口增长，所以稳态条件为 $sf(k^*)=\delta k^*$，所以人均资本为 $(s/\delta)^3$，人均产出为 $(s/\delta)^2$，人均消费为 $(s/\delta)^2(1-s)$。

8. 解：

(1) 已知 $\Delta K=sF(K,A_tL)-\delta K$，两边除以 L，可以得到人均资本存量 k 的动态方程：$\dot{k}=sF(k,A_t)-(n+\delta)k$。再两边除以 k，得到资本增长方程为：$\dot{k}/k=sF(k,A_t)/k-(n+\delta)$。

(2) 如果对 $\Delta K=sF(K,A_tL)-\delta K$，两边除以 A_tL，可以得到有效人均资本存量 k 的动态方程：$\dot{k}=sF(k,1)-(x+n+$

$\delta)k = sf(k) - (x+n+\delta)k$。再两边除以 k，得到资本增长

方程为：$\dot{k}/k = sf(k)/k - (x+n+\delta)$。① 令 $\dfrac{\dot{k}}{k} = 0 \Rightarrow$

$\dfrac{sF(k, A_t)}{k} = n+\delta \Rightarrow \dfrac{sF(k, A_t L)}{K} = n+\delta \Rightarrow \dfrac{\dot{Y}}{Y} = \dfrac{\dot{K}}{K}$，又 $\dfrac{\dot{k}}{k} =$

$\dfrac{\dot{K}}{K} - \dfrac{\dot{L}}{L} = 0 \Rightarrow \dfrac{\dot{Y}}{Y} = \dfrac{\dot{K}}{K} = \dfrac{\dot{L}}{L} = n$。由于 $y = \dfrac{Y}{L} \Rightarrow \dfrac{\dot{y}}{y} = \dfrac{\dot{Y}}{Y}$

$- \dfrac{\dot{L}}{L} = 0$，所以在稳态处：$\dfrac{\dot{y}}{y} = 0$ 且 $\dfrac{\dot{k}}{k} = 0$。② 令 $\dfrac{\dot{k}}{k} = 0$ 仍

有 $\dfrac{\dot{Y}}{Y} = \dfrac{\dot{K}}{K}$，此时 $k = \dfrac{K}{AL} \Rightarrow \dfrac{\dot{k}}{k} = \dfrac{\dot{K}}{K} - \left(\dfrac{\dot{A}}{A} + \dfrac{\dot{L}}{L} \right) = 0 \Rightarrow$

$\dfrac{\dot{K}}{K} = x+n$。所以 $\dfrac{\dot{Y}}{Y} = x+n$，而 $y = \dfrac{Y}{AL} \Rightarrow \dfrac{\dot{y}}{y} = \dfrac{\dot{Y}}{Y} - \dfrac{\dot{A}}{A} -$

$\dfrac{\dot{L}}{L} = x+n - (n+x) = 0$。综上，①、② 中稳态时 k 和 y 的

增长率相同，均为零。

论述题

1. 答：

由平衡增长的条件 $\dot{k} = sf(k) - (n+x+\delta)k$，在 $k = k^*$ 处

作一阶泰勒级数近似，可得：$\dot{k} \approx sf(k^*) + sf_k(k^*)(k-k^*) -$

$(n+x+\delta)k^* - (n+x+\delta)(k-k^*)$。因为 $sf(k^*) = (n+x+$

$\delta)k^*$，所以推出 $\dot{k} \approx sf_k(k^*)(k-k^*) - (n+x+\delta)(k-k^*) =$

$(\alpha_K(k^*) - 1)(n+x+\delta)(k-k^*)$。因此 $\dot{k} \approx -[1 - \alpha_K(k^*)]$

$(n+x+\delta)(k-k^*)$。

2. 答：

因为资本的运动方程 $\Delta K = sF(K, A_t L, M) - \delta K$，则资本的

增长率为 $\Delta K / K = sF(K, A_t L, M)/K - \delta = sY/K - \delta$，对时间 t

求偏导得到：$g_K = s(\Delta Y K - Y \Delta K)/K^2 = s(\Delta Y / K - Y g_K / K)$。

又因为 $Y = K^aAL^bM^{1-a-b}$,其中技术、劳动和能源的增长率是外生的,增长率分别为 x、n 和 0,所以 $g_Y = \Delta Y/Y = ag_K + b(x+n)$,所以 $\Delta Y = Y[ag_K + b(x+n)]$,代到资本增长率方程可得: $g_K = sY[ag_K + b(x+n) - g_K]/K$ 。又因为 $sY/K = g_K + \delta$,所以 $g_K = (g_K + \delta)[ag_K + b(x+n) - g_K]$ 。如果经济存在稳定且唯一的平衡增长路径,则 g_K 要稳定地等于 0,这要求 $ag_K + b(x+n) - g_K = 0$ 或者 $g_K + \delta = 0$,通过画图显示可知 $g_K = -\delta$ 是不稳定的,而 $g_K = b(x+n)/(1-a)$ 是稳定的,所以该经济存在稳定且唯一的平衡增长路径。

3. 答:

由索洛模型可知在稳态条件下 $sf(k^*) = (n+g+\delta)k^*$,因此对第一个经济来说: $sf(k_1^*) = (n+g+\delta)k_1^*$, $\Delta A_1(t)/A_1(t) = g$,又因为第二个经济的技术领先于第一个经济 5 年, $A_2(t) = A_1(t+5)$,对 t 求导, $dA_2(t) = dA_1(t+5)$,所以 $\Delta A_2(t)/A_2(t) = \Delta A_1(t+5)/A_1(t+5)$,因为 $\Delta A_1(t)/A_1(t) = g$,即 $\Delta A_2(t)/A_2(t) = \Delta A_1(t+5)/A_1(t+5) = g$,两个经济的 s、n 和 δ 一样,因此对第二个经济来说,在稳态条件下 $sf(k_2^*) = (n+g+\delta)k_2^*$, k_1^* 和 k_2^* 是具有相同参数的表达式,两个经济在平衡增长路径上的 k 值是一致的。

4. 答:

根据索洛模型,开始当经济的资本存量低于黄金律水平时,把较大比例的 GDP 用于投资,有助于提高经济增长率。但是把较大比例的 GDP 用于投资,意味着较小比例的 GDP 用于消费,人民的生活水平是下降的,因此把较大比例的 GDP 用于投资的直接影响就是经济增长率的提高和人民生活水平的下降。

在稳态下,人均产出以 g 的速度增长,与投资率无关。开始当经济的资本存量低于黄金律水平时,把较大比例的 GDP 用于投资,意味着储蓄率上升,也就是稳态条件下具有更高的人均资本,也意味着人民生活可能具有更高的消费水平。

因此,把较大比例的 GDP 用于投资,在短期促进经济增长,在稳态时对经济的增长率却没有影响。人民生活水平经历的是先降后升的过程,短期的经济增长是以人民生活水平的下降为代价的。

5. 答:

增长核算公式推导过程中,生产函数为 $Y = AF(K,L)$,核算公式为 $r_y = r_A + \alpha_L r_L + \alpha_K r_K$。根据推导的数学技巧,我们可以得到:$\Delta Y/Y = \Delta(Y/L)/(Y/L) + \Delta L/L$,移项后得到:$\Delta(Y/L)/(Y/L) = \Delta Y/Y - \Delta L/L$。由于增长核算公式为 $r_y = r_A + \alpha_L r_L + \alpha_K r_K$,因为规模报酬不变,$\alpha_L + \alpha_K = 1$,把 $\Delta Y/Y$ 用核算公式替代后得到:$\Delta(Y/L)/(Y/L) = r_A + \alpha_L r_L + \alpha_K r_K - r_L = r_A - \alpha_K r_L + \alpha_K r_K = r_A + \alpha_K(r_K - r_L)$。同理:$r_K - r_L = \Delta(K/L)/(K/L)$,代入到劳动生产率增长公式得到 $\Delta(Y/L)/(Y/L) = r_A + \alpha_K \Delta(K/L)/(K/L)$。因此劳动生产率的提高是全要素生产率的提高与资本的产出弹性和资本—劳动比之乘积的和。

6. (a) 这一假设并不合理,因为它表明给定一个总收入水平的消费独立于政府支出。由于政府支出由税收支持,假设更高的政府支出在一定程度上会减少消费。不妨假设消费者将他们税后收入的固定份额用于消费,函数表示为 $C(t) = s(Y(t) - G(t))$。由于 $G(t) = \sigma Y(t)$,这一函数形式也等价于 $C(t) = (s - s\sigma)Y(t)$。在(b)中,我们假设了更具一般形式的消费规则 $C(t) = (s - \lambda\sigma)Y(t)$,参数 $\lambda \in [0,1]$ 用来控制消费对税收增长的反应。$\lambda = 0$ 相当于没有反应的极端情况,$\lambda = s$ 相当于税后有固定份额储蓄的情况,$\lambda \in [0,1]$ 则对应其他情况。

(b) 经济中的资本总量积累方式如下:

$$K(t+1) = I(t) + (1-\delta)K(t)$$

$$= Y(t) - C(t) - G(t) + (1-\delta)K(t)$$
$$= (1-s-\sigma(1-\lambda))Y(t) + (1-\delta)K(t)$$

$$(9.1)$$

令 $f(k) \equiv Y(t)/L = F(K,1,A)$，并且为了简化，假设没有人口增长。将等式（9.1）除以 L，得到 $k(t+1) = (1-s-\sigma(1-\lambda))f(k(t)) + (1-\delta)k(t)$。给出 $k(0)$，该方程描述了资本劳动比率的均衡结果，下标 σ 表示政府支出水平参数为 σ 的经济。

我们认为更高的政府支出水平和同样的 $k(0)$，对任意 $t > 0$ 有效资本劳动比率将更低，即：对任意 $t > 0$，有

$$k_\sigma(t) > k_{\sigma'}(t), \sigma < \sigma'。 \qquad (9.2)$$

为了证明上述论断，注意到当 $t = 1$ 时正确，假设存在某个 $t \geqslant 1$ 也正确。于是，我们有

$$k_\sigma(t+1) = (1-s-\sigma(1-\lambda))f(k_\sigma(t)) + (1-\delta)k_\sigma(t)$$
$$> (1-s-\sigma(1-\lambda))f(k_{\sigma'}(t)) + (1-\delta)k_{\sigma'}(t)$$
$$> (1-s-\sigma'(1-\lambda))f(k_{\sigma'}(t)) + (1-\delta)k_{\sigma'}(t)$$
$$= k_{\sigma'}(t+1)$$

第二行用到了推断假设以及 $f(k)$ 在 k 上递增，第三行用到了 $\sigma' > \sigma$。我们通过归纳法证明了（9.2）。直观上，更高的政府支出减少了经济中的净收入和储蓄，压低了索洛增长模型中的均衡资本劳动比率。

经济中的资本劳动比率会聚集到唯一且确定的稳态水平 k^*。k^* 满足

$$\frac{f(k^*)}{k^*} = \frac{\delta}{1-s-\sigma(1-\lambda)}。 \qquad (9.3)$$

由于 $f(k)/k$ 是 k 的减函数，唯一解 k^* 在 σ 上递减，在 λ 上递增。在更高政府支出（更大的 σ）的经济中，资本劳动比

率总是更低,当然在稳态时也更低。另外,个体由于更高的政府开支和税收而减少的消费越多(更大的λ),他们的储蓄就越多,资本劳动比率也将在每个时期都更高,那么在稳态时也会更高。

(c) 本小题中,等式(9.3)变为:

$$\frac{f(k^*)}{k^*} = \frac{\delta}{1-s-\sigma(1-\lambda-\varphi)}。$$

由于$f(k)/k$在k上递减,稳态资本劳动比率k^*在φ上递增。关于σ,可以认为当$\varphi > 1-\lambda$时k^*在σ上递增,当$\varphi < 1-\lambda$时k^*在σ上递减。用语言表示就是,当公共投资在政府支出中的份额(即φ)足够大,尤其是大于由更高税收导致的个体储蓄的减少时,稳态资本劳动比率将因政府支出的增加而增大。这一预测并不是非常合理。

一种可行的方法是假设公共投资(比如基础设施投资)将提高经济中的生产率。假设一个生产函数$F(K,L,\varphi G,A)$,在公共投资φG上递增,并假设一个极端情况,F在$K,L,\varphi G$上规模报酬不变。在此假设下,经济中所有的资本和劳动力翻倍时,只有政府将道路和其他必需的基础设施数量也翻倍,产出才会翻倍。定义$f(k,\varphi g)=F(k,1,\varphi g,A)$,$g=G/L$。稳态资本劳动比率$k^*$和人均政府支出$g^*$可由方程组解得:

$$\frac{f(k^*,\varphi g^*)}{k^*} = \frac{\delta}{1-s-\sigma(1-\lambda)}$$

$$g^* = \sigma f(k^*,\varphi g^*)$$

第二个等式定义了一个政府支出关于资本劳动比率的隐函数$g^*(k^*)$,可以代入第一个等式以解得k^*。该模型中,一定参数选择下k^*在σ上递增。由于一些基础设施对生产是必要的,当人均公共投资为0时人均资本产出也为 0,这表明在 $\sigma=0$ 附近 k^* 在 σ 上递增。直观上看,当公共基础设施提高了经济的生产率,增大的政府支出可能会提高资本劳动比率。

7. (a) 索洛模型(1956)中资本积累是以微分方程的形式给出的:

$$\dot{K}(t) = sY(t) - \delta K(t) \qquad (9.4)$$

令 $k(t)=K(t)/L(t)$ 表示资本劳动比率。利用生产函数 $Y(t)=L(t)^\beta K(t)^\alpha Z^{1-\alpha-\beta}$ 以及人口不变的假设,资本劳动比率可解得:

$$\frac{\dot{k}(t)}{k(t)} = \frac{\dot{K}(t)}{K(t)} = sL^\beta K(t)^{\alpha-1} Z^{1-\alpha-\beta} - \delta = sk(t)^{\alpha-1} z^{1-\alpha-\beta} - \delta$$

第二个等号用到了(9.4)式,第三个等号定义 $z \equiv Z/L$,为土地与劳动力比率。在此等式中令 $\dot{k}(t)=0$,则唯一且确定的稳态资本劳动比率可得为:

$$k^* = \left(\frac{sz^{1-\alpha-\beta}}{\delta}\right)^{1/(1-\alpha)} \qquad (9.5)$$

稳态人均产出则是:

$$y^* = s(k^*)^\alpha (z^*)^{1-\alpha-\beta} = \left(\frac{s}{\delta}\right)^{\alpha/(1-\alpha)} z^{(1-\alpha-\beta)/(1-\alpha)}$$

$$(9.6)$$

为了证明稳态的整体稳定性,定义 $g(k) \equiv sz^{1-\alpha-\beta}k^{\alpha-1} - \delta$,由于 $g(k)$ 是 k 的减函数且 $g(k^*)=0$,我们有:

$$g(k(t)) > 0, k(t) \in (0, k^*) \text{ 和 } g(k(t)) < 0, k(t) \in (k^*, \infty)$$

因为 $\dot{k}(t)=k(t)g(k(t))$,之前展示的等式表明 $k(t)$ 在 $0 <$

$k(t) < k^*$ 上总是递增，在 $k(t) > k^*$ 上总是递减。这遵循了从任何 $k(0) > 0$ 开始，资本劳动比率都会向等式（9.5）中给出的唯一且确定的稳态水平 k^* 聚集这一点。直观上看，由于没有人口增长，土地劳动比率保持不变。这表明在确定的资本劳动比率下存在唯一的稳态，尽管实际上生产函数显示资本和劳动的共同增加的报酬是不断减少的。

（b）继续应用（9.6）式，资本劳动比率可进一步变为

$$\dot{k}(t) = sz(t)^{1-\alpha-\beta} k(t)^{\alpha} - (\delta + n)k(t)。 \quad (9.7)$$

这里的土地劳动比率 $z(t) = Z/L(t)$ 由于人口增长而递减，即

$$\frac{\dot{z}(t)}{z(t)} = -n。 \quad (9.8)$$

均衡可由微分方程组（9.7）和（9.8）以及初始条件 $k(0) = K(0)/L(0)$ 和 $z(0) = Z/L(0)$ 解出。

首先，我们认为该系统唯一的稳态由 $k^* = z^* = 0$ 给出。根据方程（9.8），$\lim_{t \to \infty} z(t) = 0$ 因此 $z^* = 0$ 时唯一的稳态。代入方程（9.7）并解 $\dot{k}(t) = 0$，唯一的稳态资本劳动比率是 $k^* = 0$，证明了我们论断。接下来，我们认为从任何初始条件出发，系统都会向该稳态聚集。注意到方程（9.8）有解 $z(t) = z(0)\exp(-nt)$，把该表达式代入方程（9.7），我们得到一阶非线性微分方程：

$$\dot{k}(t) = sz(0)^{1-\alpha-\beta}\exp(-n(1-\alpha-\beta)t)k(t)^{\alpha} - (\delta + n)k(t)。$$

为将其转化为线性微分方程，定义 $x(t) = k(t)^{1-\alpha}$，$x(t)$ 的解由 $\frac{\dot{x}(t)}{x(t)} = (1-\alpha)\frac{\dot{k}(t)}{k(t)}$ 得出，或等价于 $\dot{x}(t) = s(1-\alpha)z$

$(0)^{1-\alpha-\beta}\exp(-n(1-\alpha-\beta)t)-(1-\alpha)(\delta+n)x(t)$。该线性一阶微分方程的解为：

$$x(t) = \exp(-(1-\alpha)(\delta+n)t)\left[x(0)+\int_0^t s(1-\alpha)z(0)^{1-\alpha-\beta}\exp((n\beta+(1-\alpha)\delta)t')dt'\right]$$

$$= \left[x(0)-\frac{s(1-\alpha)z(0)^{1-\alpha-\beta}}{n\beta+(1-\alpha)\delta}\right]\exp(-(1-\alpha)(\delta+n)t)+s(1-\alpha)z(0)^{1-\alpha-\beta}\frac{\exp(-n(1-\alpha-\beta)t)}{n\beta+(1-\alpha)\delta}$$

由 $x(t)=k(t)^{1-\alpha}$，上式得：

$$k(t) = \left\{\left[k(0)^{1-\alpha}-\frac{s(1-\alpha)z(0)^{1-\alpha-\beta}}{n\beta+(1-\alpha)\delta}\right]\exp(-(1-\alpha)(\delta+n)t)+\frac{s(1-\alpha)z(0)^{1-\alpha-\beta}}{n\beta+(1-\alpha)\delta}\exp(-n(1-\alpha-\beta)t)\right\}^{1/(1-\alpha)}$$

$$(9.9)$$

上式(9.9)给出了 $k(t)$ 的解。由于 $\alpha+\beta<1$，该表达式也表明 $\lim_{t\to\infty}k(t)=0$，证明了该经济从任意初始条件出发都会向 $k^*=0$ 的稳态资本劳动比率聚集。

等式(9.9)证明了许多值得强调的地方。第一，由于 $1-\alpha>0$，第一部分总是趋向于 0，因此初始条件对索洛模型中的资本劳动比率的极限值没有影响。第二，如果 $\alpha+\beta<1$ 则第二部分趋向于 0，但如果 $\alpha+\beta=1$ 或 $n=0$ 则趋向于一个正值。因此，假设就是生产函数的资本和劳动报酬递减以及人口在增长这些事实。直观上看，随着人口增长，每单位劳动力掌握的土地变少，每个工人的产出也减少，因此土地是生产中必要的因素。

接下来，我们认为总资本和产出趋向于无穷大。

$$\lim_{t\to\infty} k(t)L(t)$$

$$= \lim_{t\to\infty} \left[\left[k(0)^{1-\alpha} - \frac{s(1-\alpha)z(0)^{1-\alpha-\beta}}{n\beta + (1+\alpha)\delta} \right] \right.$$

$$\exp(-(1-\alpha)(\delta+n)t) + \frac{s(1-\alpha)z(0)^{1-\alpha-\beta}}{n\beta + (1+\alpha)\delta}$$

$$\left. \exp(-n(1-\alpha-\beta)t)) \right]^{1/(1-\alpha)} L(0)\exp(nt)$$

$$= \lim_{t\to\infty} \left[\left[k(0)^{1-\alpha} - \frac{s(1-\alpha)z(0)^{1-\alpha-\beta}}{n\beta + (1-\alpha)\delta} \right] \right.$$

$$\exp(-(1-\alpha)\delta t) + \frac{s(1-\alpha)z(0)^{1-\alpha-\beta}}{n\beta + (1-\alpha)\delta}$$

$$\left. \exp(n\beta t) \right]^{1/(1-\alpha)} L(0) = \infty$$

所以，$Y(t)=F(K(t),L(t),Z)$ 也趋向于无穷大，因为 $K(t)$ 和 $L(t)$ 都趋向于无穷大。前面展示的方程也表明总资本以 $n\beta/(1-\alpha)<n$ 的速率增长，也就是说，总量仍以指数速率增长，但对于补偿人口增长以维持资本劳动比率和人均产出在一个正值而言还是不够快。

我们认为土地报酬也趋向于无穷。土地处于竞争性市场，因此其报酬为：

$$p^z(t) \equiv (1-\alpha-\beta)L(t)^\beta K(t)^\alpha Z^{-\alpha-\beta}$$

由于 $K(t)$ 和 $L(t)$ 在增加因此趋向于无穷。也可以这样看，根据柯布－道格拉斯生产函数 $p^z(t)Z=(1-\alpha-\beta)Y(t)$，土地在总产出中的份额是固定的。由于产出在增长，土地报酬也在增长并趋向于无穷。直观上看，土地在该经济中是稀缺要素，随着其他生产要素的增加，土地的边际产出增加了。

最后，我们认为工资率趋向于 0。工资率为：

$$w = \beta L^{\beta-1} K^\alpha Z^{1-\alpha-\beta} = \beta k^\alpha z^{1-\alpha-\beta}$$

由于 k 和 z 趋向于 0 因而 w 也趋向于 0。在生产中劳动力需要与土地和资本结合，因此，当资本劳动比率和土地劳动比率缩为 0 时，工资也将缩减为 0。直观上看，每个工人生产用的机器和土地越少，因此在竞争性均衡中的生产率及工资也就越少。

另一种分析。定义标准化变量 $\tilde{L}(t) = (L(t)^\beta Z^{1-\alpha-\beta})^{1/(1-\alpha)}$，以固定速率 $\beta n/(1-\alpha) < n$ 增长，则生产函数可用该标准化变量改写为 $F(K(t), \tilde{L}(t)) = K(t)^\alpha \tilde{L}(t)^{1-\alpha}$。如果把 $\tilde{L}(t)$ 解释为假想经济中的劳动力，对索洛模型的分析表明该假想经济存在唯一的稳态资本劳动比率 $\tilde{k}^* = (K(t)/\tilde{L}(t))^*$，从任意 $K(t) > 0$ 和 $\tilde{L}(t) > 0$ 开始，经济都会向该水平的资本劳动比率聚集。通过构建，原始经济中的总资本等于该假想经济中的总资本，所以，该原始经济中的资本满足 $\lim_{t\to\infty} \dfrac{K(t)}{\tilde{L}(t)} = \tilde{k}^*$，这表明总资本 $K(t)$ 以速率 $n\beta/(1-\alpha)$（即 $\tilde{L}(t)$ 的增长速率）渐进增长。由于 $n\beta/(1-\alpha) < n$，人口增长快于总资本，资本劳动比率趋向于 0。

(c) 预期 s 和 n 都会改变。把储蓄内生化，可以看到 s 总体上依赖于包括跨期替代的偏好和要素价格在内的许多因素。尽管如此，上述分析在 $s = 1$（即个体将所有收入都储蓄起来）时是适用的，资本劳动比率和人均产出在将已定的储蓄率内生化的经济中会趋向于 0。直观上看，储蓄无法给予足够的力量来应对减少的报酬和经济贫困。

更强的稳定力量来自内生化模型中的人口，即内生化 n。一种简单的方法就是利用马尔萨斯(1798)的思路，吸收到

我们的模型中就是:

$$\frac{\dot{L}(t)}{L(t)} = n(y(t)),\qquad\qquad(9.10)$$

$n'(y)>0, \lim_{y\to\infty}n(y)=\bar{n}>0, \lim_{y\to\infty}n(y)=\underline{n}<0$。等式 (9.10) 从直观上看就是,当人均产出更高时,人们活得更久,更健康,有更多孩子,提高了人口增长率。当人均产出非常低时,人口可能缩水。另外,单位劳动产出存在唯一值 y^*,满足 $n(y^*)=0$,即当单位劳动产出为 y^* 时人口保持不变。

等式 (9.10),(9.8),(9.7) 组成的系统描述了该经济中的均衡。该系统有唯一的稳态 (y^*, z^*, L^*),y^* 是 $n(y^*)=0$ 的唯一解,z^* 是 $y^* = \left(\frac{s}{\delta}\right)^{a/(1-\alpha)} \cdot (z^*)^{(1-\alpha-\beta)/(1-\alpha)}$ 的唯一解,而 $L^*=z^*Z$。从 $L(0)$ 的任意值开始,人口水平会进行调整,即 $\lim_{t\to\infty}L(t)=L^*=z^*Z$,从而单位劳动占有的土地为 z^*,单位劳动产出为 y^*,人口增长率为 $n(y^*)=0$。直观上看,随着人均产出趋向于 0,人口增长减速,增加了每个人掌握的土地,从而增加了人均产出。因此将人口内生化可创造出使人均产出维持在正值的稳定力量。(b) 的结果,尤其是人均产出和资本劳动比率趋向于 0,在很大程度上是把 n 和 s 当做常量的结果。这表明我们应谨慎使用索洛模型,因为该模型依赖于对人口动态和消费行为的简化假设。

8. (a) 令 F 为柯布道格拉斯生产函数:

$$F[A_KK, A_LL] = C(A_KK)^\alpha(A_LL)^{1-\alpha}$$

其中 C 和 α 为常数,将 F 改写成如下的形式:

$$F[A_KK, A_LL] = CK^\alpha[(A_LA_K{}^{a/(1-\alpha)})L]^{1-\alpha}$$

此时,技术进步为劳动力增强型,特别地,将劳动增强型技术进步定义为:

$$A(t) \equiv A_L(t)A_K(t)^{\alpha/(1-\alpha)}$$

将有效资本劳动率定义为:

$$k(t) = K(t)/(A(t)L(t))$$

则有:

$$\frac{\dot{k}(t)}{k(t)} = \frac{sF[A_K(t) \cdot K(t), A_L(t)L(t)] - \delta K(t)}{K(t)} - \frac{\dot{A}(t)}{A(t)} - \frac{\dot{L}(t)}{A(t)}$$

$$= sCk(t)^{\alpha-1} - \delta - g_L - \frac{\alpha}{1-\alpha}g_K$$

求解 $\dot{k}(t) = 0$,存在以下稳态解:

$$k^* = \left(\frac{sC}{\delta + g_L + g_K}\right)^{\frac{-1}{1-\alpha}}$$

该系统存在一个平稳增长路径,其中有效资本劳动比率为常数,资本劳动比率和人均产出以固定比率增长:

$$g \equiv g_L + \frac{\alpha}{1-\alpha}g_K$$

从任何有效资本劳动率水平为起始点,该系统收敛于此有效资本劳动率。即若 $k(0) < k^*$,则经济的初始增长速度快于 g 并且 $k(t) \uparrow k^*$。同样地,若 $k(0) > k^*$,经济的初始增长速度小于 g 并且 $k(t) \downarrow k^*$。

第十章 新增长理论概述

学习要点

1. 掌握家庭跨期选择的含义。
2. 理解 AK 模型的推导过程。
3. 理解外部性在经济增长模型中的作用。
4. 了解创造性破坏的定义。
5. 掌握产品种类增加型内生增长模型的推导过程。
6. 掌握内生增长模型中的技术扩散模型的推导过程。

名词解释

1. 内生增长
2. 技术进步
3. 递增的规模收益率
4. 边干边学
5. AK 模型
6. 人力资本

简答题

1. 简述罗默(Romer,1986)的知识驱动生产模型。
2. 简述卢卡斯(Lucas,1988)的人力资本模型。
3. 简述公共产品模型。

证明计算题

1. 考虑连续时间中的跨时效用最大化问题。证明为了确保一个非零的均衡增长路径存在,效用函数必须表现出不变的跨时替代弹性,即有一个不变的相对风险厌恶程度。

2. 考虑在新古典模型中,其中生产函数为 $Y_t = (A_t L_t)^\alpha K_t^{1-\alpha}$,技术增长率为 x,人口增长率为 n,资本存量的折旧率为 δ。存在一个恒定的储蓄率 s。

   (a) 推导出收敛方程,找到一个表达式来表达收入与其稳定状态收敛的速度和初始收入之间的函数。收敛速率为多少?

   (b) 对于所谓的有条件收敛,给定你前面得到的方程,收敛的条件是什么?

   (c) 考虑由曼昆、罗默和魏尔所发展出来的扩展的索洛模型,其中产出是人力资本 H 以及劳动和物质资本的函数:

$$Y_t = K_t^\alpha H_t^\beta (A_t L_t)^{1-\alpha-\beta},\text{其中 } 0 < \alpha + \beta < 1$$

   两种类型资本的总投资率占产出的比例分别为 s_k 和 s_h。两种资本都以同样的速度折旧。试证明:与新古典模型一样,这个模型中人均产出的长期增长率等于技术变化率;推导出收敛方程;是否有可能存在绝对收敛?

3. 萨缪尔森世代交叠模型中的静态货币均衡(这个模型取自萨缪尔森(1958))。设 $x < 1+n$,并且在 0 时期的老年人除了被赋予 A 单位的产品外,每个人还拥有 M 单位的可储存、可分割的商品——我们称其为货币。货币并不是效用的来源。

   (a) 考虑在 t 时刻出生的个人。设产品在 t 时期的用货币表示的价格是 P_t,在 $t+1$ 时刻的价格是 P_{t+1}。因此,个人可以为了获得 P_t 单位的货币而出售数单位的禀赋,并且在随后时期内用该货币去购买下一代的 P_t / P_{t+1} 单位的禀赋。作为 P_t / P_{t+1} 函数的个人的行为是什么?

(b) 证明,存在一种均衡,即对于所有 $t \geqslant 0$,$P_{t+1} = P_t/(1+n)$,并且没有存储,因而货币的存在允许经济达到存储的黄金律水平。

(c) 证明,也存在满足如下条件的均衡,即对于一切 $t \geqslant 0$,$P_{t+1} = P_t/x$。

(d) 解释为什么对于所有 t,$P_t = \infty$(即货币是无价值的)也是一种均衡。解释为什么如果经济在某一时刻终止,这也是一种均衡(提示:由最后一个时期逆推)。

4. 考虑罗默《高级宏观经济学》教材中第 3.2 节 $\theta < 1$ 时的模型。

(a) 在均衡增长路径上,$\dot{A} = g_A^*(t)$,其中 g_A^* 是 g_A 的均衡增长路径值。利用这个事实以及方程 $\dot{A}(t) = B[a_L L(t)]^\gamma A(t)^\theta$ 推导均衡增长路径上 $A(t)$ 的一个表达式,把它用 B、a_L、γ、θ 和 $L(t)$ 来表示。

(b) 应用你对(a)题的答案以及生产函数 $Y(t) = A(t)(1-a_L)L(t)$,求均衡增长路径上 $Y(t)$ 的表达式,以及求最大化均衡路径产出的 a_L 的值。

5. 考虑两个经济(用 $i = 1,2$ 表示),这两个经济由 $Y_i(t) = K_i(t)^\theta$ 和 $\dot{K}_i(t) = s_i Y_i(t)$ 描述,其中 $\theta > 1$。假设两个经济中 K 的初始值相同,但是 $s_1 > s_2$。证明:Y_1/Y_2 是连续增加的。

6. 假设厂商 i 的产出由 $Y_i = K_i^a L_i^{1-a}(K^f L^{-f})$ 给定,其中 K_i 和 L_i 是厂商使用的资本量和劳动量,K 和 L 是总的资本量和劳动量;$a > 0$,$f > 0$,$0 < a + f < 1$。假设各要素报酬为其私人边际产品,因而 $r = \dfrac{\partial Y_i}{\partial K_i}$。假设 K 和 L 的动态学分别由 $\dot{K} = sY$ 和 $\dot{L} = nL$ 给定,所有厂商的 K_i/L_i 都相同。

(a) 作为 K/L 的函数的 r 是多少?

(b) 均衡增长路径上的 K/L 是多少?均衡增长路径上的 r 是多少?

7. 知识向穷国传播的滞后。

(a) 假设世界包括两个地区:北方和南方。北方由 $Y_N(t) = A_N(t)(1-a_L)L_N$ 和 $\dot{A}_N(t) = a_L L_N A_N(t)$ 来描述。南方不进行研发,只利用北方开发的技术;但是,南方使用的技术比北方滞后 τ 年。因此, $Y_S(t) = A_S(t)L_S$, $A_S(t) = A_N(t-\tau)$ 。如果北方每工人平均产出的增长率是每年 3%,且 a_L 接近为 0,那么要使北方每工人平均产出是南方的 10 倍, τ 必须是多少?

(b) 假设南方和北方都由索洛模型来描述: $y_i(t) = f(k_i(t))$,其中 $y_i(t) \equiv Y_i(t)/\big[A_i(t)L_i(t)\big]$, $k_i(t) \equiv K_i(t)/\big[A_i(t)L_i(t)\big](i = N,S)$ 。同索洛模型一样,假设 $\dot{K}_i(t) = sY_i(t) - \delta K_i(t)$, $\dot{L}_i(t) = nL_i(t)$;假设两地区有相同的储蓄率和人口增长率。最后, $\dot{A}_N(t) = gA_N(t)$, $A_S(t) = A_N(t-\tau)$ 。

(1) 证明:两国均衡增长路径上的 k^* 值是一样的。

(2) 引入资本是否会改变(a)题的答案? 请进行解释(继续假设 g=3%)。

8. 具有人力资本的模型的规模报酬递增(Lucas,1988)。假设 $Y(t) = K(t)^\alpha \big[(1-\alpha_H)H(t)\big]^\beta$, $\dot{H}(t) = \beta\alpha_H H(t)$ 和 $\dot{K}(t) = sY(t)$ 。假设 $0<\alpha<1, 0<\beta<1$,且 $\alpha+\beta>1$ 。

(a) H 的增长率是多少?

(b) 该经济是否收敛于一条均衡增长路径? 如是,均衡增长路径上 K 和 Y 的增长率是多少?

论述题

试评述格罗斯曼-赫尔普曼的消费品品种增加模型和阿吉翁-豪伊特的产品品种质量升级模型的异同。

参考答案

名词解释

1. 指由规模收益递增或内生技术进步等原因所导致的一国长期经济增长。内生增长理论与新古典增长理论所描述的增长不同,内生增长理论认为经济的长期增长依赖于储蓄率和其他因素,而不仅仅依赖于劳动力的增长率。其重要特征就是试图使增长率内生化。根据其依赖的基本假定条件的差异可以将内生增长理论分为完全竞争条件下的内生增长模型和垄断竞争下的内生增长模型。按照完全竞争条件下的内生增长模型,使稳定增长率内生化的两条基本途径就是:① 将技术进步率内生化;② 如果可以被积累的生产要素有固定报酬,那么可以通过某种方式使稳定增长率被要素的积累所影响。

2. 指由于技术创新带来的、在生产过程中所实现的经济增长现象。经济学的计量研究往往采用索洛的余值法来计算技术进步的作用,即扣除生产要素(资本和劳动)投入量的增长对经济增长的贡献之后,其剩余部分归结为是由技术进步因素带来的。这种计算方法将生产要素之间相互作用、规模经济等其他因素都归结为技术进步,由此形成了相当宽泛的技术进步概念,泛指一切提高产出效率和资源配置效率的创新活动。另外,这种技术进步的实现机制是外生的,它不受经济体系内部诸变量的影响。于是,人们从研究与开发、人力资源开发等多个角度将技术进步内生化,从而形成内生增长理论。

3. 指对于一些生产函数而言,所有投入成比例的增加产生多于等比例的产出增长的特征。所谓规模收益递增指产量增加的比例大于各种生产要素增加的比例。设生产函数为 $Q = f(L, K)$,则当劳动和资本的投入量同时增大 λ 倍时,产量为

$aQ=f(\lambda L,\lambda K)$。则 $a>\lambda$ 表示产量增加的幅度大于要素投入的增加幅度。

4. 诺贝尔经济学奖获得者阿罗 1962 年提出边干边学模型。强调把从事生产的人获得知识的过程内生于模型。阿罗假定对知识的获得或学习是经验的产物,而经验的积累在生产率的提高中起着重要的作用。阿罗模型中的学习过程包含两种效应:一是由于生产更多的资本品而积累了更多的知识,使得下一代资本品所含的技术水平得以提高;二是由于知识的共享性,所有劳动力与固定资本的效率在生产最终产品时都有所提高,这就是所谓的知识的溢出效应。学习过程一般被假定依赖于过去积累的投资或过去积累的产出。技术因素随着资本水平的提高而提高,学习参数的提高会促使长期增长率的提高。这就是边干边学模型的基本思想。

5. AK 模型的生产函数为:$Y=AK$,其中 A 是反映生产技术水平的正常数,Y 是产出,K 是资本存量。该生产函数的意义就是总产出是资本存量的线性函数。因为资本边际产出和平均产出都是正常数 A,所以不存在资本边际报酬递减。现实中完全不存在资本边际报酬递减的生产函数不大实际,但是如果我们将生产函数中的资本 K 看作是既包括物质资本,也包括人力资本的广义的资本,则不存在边际报酬递减的生产函数就可以接受了,因为人力资本的存在可能抵消物质资本最终必然会出现的边际生产力下降,从而使总体资本报酬率不会下降。

6. 指通过对人的投资,一个人所增加的健康、知识、技能等能够提高生产力的那些东西。人力资本包括量与质两个方面。量是指一个社会中从事有用工作的人数;质是指知识、技能、训练程度等影响人从事生产性工作能力的东西。人力资本的形成同物质资本的形成一样,也是通过投资而形成的。但对人力的投资是和人的消费交织在一起的。关于人力资本的具体形成途径,舒尔茨列举了五个方面:① 医疗保健;② 在职人员培训;

③ 正式建立起来的初等、中等和高等教育；④ 为成年人举办的学习项目（不是由企业举办的）；⑤ 个人和家庭适应于变换就业机会的迁移。

简答题

1. 答：

　　罗默假定有 N 个企业，每个企业都是同样的。知识存量是资本总量的增函数，所以可以用资本总量代表知识存量。对单个企业，罗默给出了如下形式的生产函数 $F[k(t), K(t), x(t)]$，其中 $k(t)$ 是以资本存量为代表的 t 时刻单个企业特有的知识投入，$x(t)$ 是 t 时刻该企业特有的实物投入向量，$K(t)$ 是 t 时刻经济的各种知识水平，因此 $K(t) = Nk(t)$。该式表明，任何一个企业的产出不仅是实物资本的函数，而且是知识投入的函数；产出水平不仅与企业自身的知识投入有关，而且与当时整个经济的总知识存量有关。罗默对这个生产函数作出了两个重要的假定：

(1) 给定 K 的值，F 是 k 和 x 的凹函数，并且不失一般性，可以假定 F 是 k 和 x 的一阶齐次函数。这意味着对单个企业而言，K 是固定的，其规模收益不变。

(2) 给定 x，$F(k, K, x)$ 是 K 的凸函数，即知识的边际生产率递增，从而生产表现出规模收益递增。对任一 $\lambda > 1$，$F(\lambda k, \lambda K, \lambda x) > F(\lambda k, K, \lambda x) = \lambda F(k, K, x)$。

　　这样，由于对整个经济系统来说 K 是可变的，整个经济表现出规模收益递增的特性。强调整个经济的规模收益递增是罗默模型区别于阿罗模型的重要特征。

　　假定经济中同样有 N 个消费者。每个消费者都有一定初始量的产出品，对每个消费者来说，存在一个权衡的问题，即在现实消费与推迟消费以使将来生产出更多产品的知识之间的权衡，知识既然由推迟现实消费生产出，知识增长可以看作是现时企业特有的知识存量与投资的函数，记作：$k = G(I, k)$，G

是一阶齐次凹函数,表示知识生产的收益递减。于是又可以记作 $g\left(\dfrac{I}{k}\right) = g(y) = G(y,1)$。由于研究的收益递减,$g$ 函数存在一个上界约束,即 $g \leqslant a$。令 $g(0) = 0$,意味着当对研究的投入为 0 时,知识产量不发生变化,同时知识也不会贬值,也不能再转化为消费。

假定除知识外的其他要素(实物资本、劳动力、人口规模等)是固定不变的,则可令 $f(k,K) = F(k,K,x)$。如果 x 是劳动力,则 f 可以看作是人均收入,它等于人均产出。假定企业技术水平依赖于总知识水平,对给定的 K,考虑代表性消费者的效用最大化问题:

$$\max \int_0^\infty U(c(t))e^{\delta - t}\,\mathrm{d}t$$

$$s.t.\ \frac{\dot{k}(t)}{k(t)} = g\left(\frac{f(k(t),K(t)) - c(t)}{k(t)}\right)$$

其中,δ 是效用的折现系数,c 是现时消费量,$f-c$ 就代表推迟消费对知识生产追加的投入,g 是知识的增长率方程,满足 $0 \leqslant g \leqslant a$。

解上面的效用最大化问题,罗默证明了竞争均衡的存在,但是由于引进了收益递增,不存在帕累托最优。

罗默以简单的柯布—道格拉斯生产函数为例,求解均衡增长方程。令效用函数为:

$$U(c) = \ln c(t)$$

人均产出函数为:

$$f(k,K) = k^v K^\gamma = N^\gamma k^{\gamma + v}。$$

解效用最大化问题,罗默得出如下增长率表达式:

$$g = vN^\gamma k^{v + \gamma - 1} - \delta$$

在规模收益递增的假定下,有 $v+\gamma>1$,则投资收益率是递增的,所以投资速度越来越快,经济增长率也随之不断提高。在这个条件中,人均收入增长率虽然与人口规模 N 有关,但与人口的自然增长率毫无关系,说明人口增长在罗默的模型中对人均收入的无限增长并不是必要的。

罗默同时指出,这样的发展模型只是作为只有内生实物资本积累而没有知识积累的通常模型的极反面的情形。符合实际的但复杂得多的情形也可以用这一框架进行分析。比较简单的扩展可以假定知识与实物资本以固定比例用于生产,则 k 可以看作是一种复合资本。在这种复合资本品中,只要知识的边际生产率高于实物资本的边际生产率,生产仍然表现出收益递增。

2. 答:

1988 年,卢卡斯吸收了宇泽模型的基本思想,但他放弃了宇泽模型将生产部门区分为物质生产部门和生产知识的教育部门两个部门的做法,而是假定每一个生产者用一定比例的时间从事生产,还用一定比例的时间从事人力资本建设。这样,卢卡斯的生产函数是:

$$Y = AK^{\beta}(\mu Nh)^{1-\beta}h^{\gamma}$$

其中,N 是劳动力数,h 是人均人力资本,h^{γ} 表示人力资本的外部效应递增。

技术进步方程式为:

$$\frac{\dot{h(t)}}{h(t)} = \delta(1-u(t))$$

在两个约束条件下求解效用最大化问题:

$$\max \int_{0}^{\infty} e^{-\rho t} \frac{c^{1-\sigma}(1-t)}{1-\sigma}N(t)\mathrm{d}t$$

卢卡斯最后也导出了模型的均衡增长条件：

$$g = \frac{\dot{h}(t)}{h(t)} = \frac{(1-\beta)[\delta - (\rho - \lambda)]}{\delta(1-\beta+\gamma) - \gamma}$$

其中，λ 是劳动力增长率或人口增长率。

这里尽管经济的均衡增长率仍然与 λ 有关，但是即使 λ 等于 0 或小于 0，经济的均衡增长仍是可能的。

3. 答：

考虑一个封闭经济的情形。经济中的代表性家庭力图使其跨时效用函数最大化，即：

$$U = \int_0^\infty e^{-\rho t} u(t) N(t) \mathrm{d}t$$
$$u(t) = [c(t)^{1-\sigma} - 1]/(1-\sigma)$$

假定政府购买一部分私人产品，并向私人生产者提供免费的公共服务。令 G 是政府购买总量。假定政府产品具有萨缪尔森（1954）描述的公共产品的性质，即政府产品具有非竞争性和非排他性。每个厂商都可以使用由政府提供的公共产品，一个厂商对公共产品的使用不影响其他厂商使用公共产品，公共产品假设对于某类政府产品如基础研究是比较适用的。

假定厂商 i 的生产函数具有柯布—道格拉斯形式：

$$Y_i = AL_i^{1-\alpha} K_i^\alpha G^{1-\alpha} , \ 0 < \alpha < 1$$

上式表明，每个厂商的生产函数对于私人投入品 L_i 和 K_i 是规模收益不变的。假定经济中的劳动总量 L 不变，因此对于固定的政府产品，资本积累的边际收益递减。在上式中，私人厂商生产函数关于 K_i 和 G 的规模收益不变，因而当 G 和 K 同时增加时，经济可以实现内生增长。政府服务对私人厂商来说是一种外部经济，G 的增加使劳动边际产品和资本边际产品提高，因而可以假定经济是完全竞争的，厂商是价格接受者。巴罗的公共产品模型假定 G 的幂为 $1-\alpha$。这相当于罗默的知识溢出模型中 $v=1$ 的情形。

假定政府采取平衡预算政策,税收采取比例税,税率为 m。因此政府服务 $G=mY$。假定税率 m 不变。

定义 $k_i=K_i/L_i$。厂商的税后利润为 $L_i[(1-m)Ak_i^\alpha G^{1-\alpha}-w-(r+\delta)k_i]$,其中 w 是工资率,δ 是资本折旧率,$(r+\delta)$ 表示租金率。由于竞争厂商获得的净利润率为 0,在均衡时工资率等于劳动的税后边际产品,租金率等于资本的税后边际产品。

假定 k_i 对各个厂商都是相同的,$k_i=k$,可以求出租金率为:

$$r+\delta=(1-m)\frac{\partial Y_i}{\partial K}=(1-m)\alpha Ak^{\alpha-1}G^{1-\alpha}$$

由于 $G=mY=(mAL)^{1/\alpha}k$,上式又可以改写成:

$$r+\delta=(1-m)\alpha A^{1/\alpha}(Lm)^{(1-\alpha)/\alpha}$$

表明资本的税后边际产品与人均资本量 k 无关,而随着经济规模 L 的增大而增加。资本的税后边际产品与 k 无关的事实说明经济存在着平衡增长路径,在这条路径上人均消费、人均资本和人均产出都以相同的比率增长。在上述的跨时效用函数下,经济增长率为:

$$g=g_c=g_k=g_y=\frac{1}{\sigma}\big[(1-m)\alpha A^{1/\alpha}(Lm)^{(1-\alpha)/\alpha}-\delta-\rho\big]$$

表明政府活动通过两个渠道影响经济增长:第一,税收使资本的税后边际产品减少,从而降低了增长率。税收的这种负效应反映在 $(1-m)$ 中。第二,政府支出 G 的增加提高了资本的税后边际产品,从而促进了经济增长。税收对增长的正效应反映在 $m^{(1-\alpha)/\alpha}$ 中。政府活动对经济增长的影响是上述两个效应综合作用的结果。当税率 m 较低时,G/Y 提高造成的资本税后边际产品增加的正效应占优势,这时经济增长率 g 随着税率的提高而提高。当税率 m 较高时，税收增加导致资本税后边际产品降低的负效应占优势，经济增长率随着税率的提高而降低。当税率 m 取某一值 m' 时，政府活动对增长率的正效应和负效应刚好抵消，经济增长率达到最大值。因此，我们称 m' 为均衡税率。

根据上面的分析，政府的最优政策是以 $1-\alpha$ 的税率课税。但是由于外部性的存在，经济此时并不是帕累托最优的。下面考察社会计划问题的解。计划者面临的问题是选择合适的 $G(t)$ 和 $c(t)$ 以使跨时效用函数在生产函数约束和预算约束下达到最大化。建立相应的哈密尔顿函数，可以求出社会计划问题的动态优化条件，最终解出社会计划问题的解 $(G(t), c(t))$。

私人厂商进行决策时只考虑资本的私人税后边际产品，而社会计划者在决策时考虑的是资本的社会边际产品。由于政府征收的是比例税，二者之间存在差异。投资的私人收益低于社会收益导致经济的竞争性均衡增长率低于社会最优增长率 g^*。为了求出社会最优增长率 g^*，用 1 代替 $(1-m)$，得：

$$g^* = \frac{1}{\sigma}\left[\alpha A^{1/\alpha}(Lm)^{(1-\alpha)/\alpha} - \delta - \rho\right]$$

因此，在公共产品模型中，竞争性均衡是一种社会次优。为了使经济达到帕累托最优，政府需要采取如下措施：① 使政府支出 $G=(1-\alpha)Y$，这时政府提供的公共产品量是最优的；② 政府改比例税制为一次总付税制。一次总付税的特点是使产出的边际税率为 0。因此一次总付税不会造成资本的私人产品和资本的社会产品产生差异。

证明计算题

1. 证明：

消费者面临的问题可以表示为：

$$\max \int_0^\infty u(c_t)e^{-\rho t}\,\mathrm{d}t$$

约束条件为：

$$\dot{k}_t = f(k_t) - c_t$$

解这个规划得到消费的最优路径，它是资本边际产出、时间贴现率和跨时替代弹性的函数，即：

$$\frac{\dot{c}}{c} = \frac{f'(k) - \rho}{-u''(c)c/u'(c)}$$

在长期零增长的标准卡西－库普曼－拉姆齐$(R-C-K)$模型中，效用函数的形式无关主旨，因为稳定状态可以简单地由条件 $f'(k) = \rho$ 决定。但是在固定报酬的内生增长模型中，$f'(k) - \rho$ 项为一非零常数，因此跨时替代弹性必定也是常数，也就是说，$-u''(c)c/u'(c) = \varepsilon$。解这个微分方程，很容易得到一个 CES 函数：$(c^{1-\varepsilon} - 1)/(1 - \varepsilon)$。

2. 解：

(a) 用"有效劳动单位"定义所有变量，即有 $y_t = Y_t/(A_t L_t)$ 和 $k_t = K_t/(A_t L_t)$，因此生产函数可以写成：

$$y_t = k_t{}^{1-\alpha} \tag{10.1}$$

经济体系的预算约束为：

$$\dot{k}_t = sy_t - (x + n + \delta)k_t \tag{10.2}$$

在稳态下，k 的增长率必然为 0，因而每个有效劳动单位的均衡资本存量为：

$$k^* = \left(\frac{s}{x + n + \delta}\right)^{\frac{1}{\alpha}} \tag{10.3}$$

在稳定状态下的收入水平（以效率劳动为单位）为：

$$y^* = \left(\frac{s}{x + n + \delta}\right)^{\frac{1-\alpha}{\alpha}} \tag{10.4}$$

由式(10.1),产出的增长率与资本存量的增长率成正比,即 $g_y = (1-\alpha)g_k$,将预算约束代入式(10.4),并利用式(10.1)和式(10.4),得到产出增长率为:

$$\frac{\dot{y}_t}{y_t} = (1-\alpha)(x+n+\delta)\left(\left(\frac{y^*}{y_t}\right)^{\frac{\alpha}{1-\alpha}} - 1\right) \quad (10.5)$$

式(10.5)表明,经济越是远离稳定状态,经济增长速度越快。

为了研究经济趋于稳定状态的速度,对增长率取对数并使其线性化,已知 $\frac{\dot{y}_t}{y_t} = \mathrm{d}(\log y_t)/\mathrm{d}t$,在 $\log y$ 的均衡值附近进行泰勒展开,有:

$$\frac{\mathrm{d}\log y_t}{\mathrm{d}t} = \frac{\mathrm{d}\log y_t}{\mathrm{d}t}\Big|_{y^*} + \frac{\mathrm{d}(\mathrm{d}\log y_t/\mathrm{d}t)}{\mathrm{d}\log y_t}\Big|_{y^*}(\log y_t - \log y^*)$$

由于在稳定状态下收入没有变化,因此上式中等号右边的第一项为 0。针对第二项,先就式(10.5)对 $\log y_t$ 求微分并基于 y^* 进行估算,得到:

$$\frac{\mathrm{d}\log y_t}{\mathrm{d}t} = \alpha(x+n+\delta)(\log y^* - \log y_t) \quad (10.6)$$

收敛稳定状态的速度,即收入水平接近稳定状态的速度为 $F = \alpha(x+n+\delta)$ 。以增长率变化的一定比例来定义收敛参数,这里的增长率变化是由于收入水平的初始变化引起的,通过式(10.5),得到收敛参数为:

$$\beta = -\frac{\mathrm{d}(\mathrm{d}\log y_t/\mathrm{d}t)}{\mathrm{d}\log y_t} = F\left(\frac{y^*}{y_t}\right)^{\frac{\alpha}{1-\alpha}} \quad (10.7)$$

微分方程式(10.6)表明: $\log(y_t + T) = (1-e^{-FT})\log y^* + e^{-FT}\log y_t$,有:

$$\log \frac{y_t + T}{y_t} = (1-e^{-FT})\log \frac{y^*}{y_t}$$

由上述等式可以求得 t 期至 $t+T$ 期的平均增长率：

$$\frac{1}{T}\log\frac{y_t+T}{y_t}=-\frac{1-e^{-FT}}{T}\log y_t+\frac{1-e^{-FT}}{T}\log y^*$$

$$(10.8)$$

重新整理得到：

$$\frac{1}{T}\log\frac{y_t+T}{y_t}$$
$$=-\frac{1-e^{-FT}}{T}\log y_t+\frac{1-e^{-FT}}{T}\cdot\frac{1-\alpha}{\alpha}\big[\log s-\log(x+n+\delta)\big]$$

(b) 可以看出，收敛的必要条件是经济体系确实存在稳定状态。式(10.6)表明，当落后经济和富裕经济享有稳定状态的相同决定参数时，落后经济表现出更高的增长率。故对此式的合理阐述是：经济离其稳定状态越远，增长率越高；而不能说经济越落后，其增长率越高。

(c) 还是以"有效劳动单位"定义所有变量，生产函数为：

$$y_t = k_t{}^\alpha h_t{}^\beta \tag{10.9}$$

其中，$h_t=H_t/(A_tL_t)$；y_t 和 k_t 定义同前。有两个约束条件控制实物资本和人力资本积累：

$$\dot{k}_t = s_k y_t - (x+n+\delta)k_t \tag{10.10}$$

和

$$\dot{h}_t = s_h y_t - (x+n+\delta)h_t \tag{10.11}$$

如果对两个方程分别除以 k 和 h，可以发现，出现固定增长率的唯一条件是，当两种可累积要素均表现报酬递减时，有效劳动单位的增长为 0。由此得到实物资本、人力资本和收入的稳态值（均以有效劳动单位表示）为：

$$k^* = \left(\frac{s_k^{1-\beta}s_h^{\beta}}{x+n+\delta}\right)^{\frac{1}{1-\alpha-\beta}}$$

$$h^* = \left(\frac{s_k^\alpha s_h^{1-\alpha}}{x+n+\delta}\right)^{\frac{1}{1-\alpha-\beta}}$$

和
$$y^* = \left(\frac{s_k^\alpha s_h^\beta}{(x+n+\delta)^{\alpha+\beta}}\right)^{\frac{1}{1-\alpha-\beta}}$$

由于 y^* 为常数,正如新古典模型所描述的那样,人均产出的增长率必定等于技术的外生变化率。

用同样的办法对(a)题进行处理,得到的产出增长率为:

$$\frac{\mathrm{d}\log y_t}{\mathrm{d}t} = \lambda(\log y^* - \log y_t) \qquad (10.12)$$

其中,$\lambda = (1-\alpha-\beta)(x+n+\delta)$ 为收敛速度,t 期到 $t+T$ 期的平均增长率可由下式确定:

$$\frac{1}{T}\log\frac{y_t+T}{y_t} = -\frac{1-e^{-\lambda T}}{T}\log y_t + \frac{1-e^{-\lambda T}}{T} \cdot$$

$$\frac{1}{1-\alpha-\beta}[\alpha\log s_k + \beta\log s_h - (\alpha+\beta)\log(x+n+\delta)]$$

3. 解:

(a) 个人的效用函数为:

$$\ln C_{1,t} + \ln C_{2,t+1} \qquad (10.13)$$

预算约束为:

$$P_t C_{1,t} = P_t A - P_t F_t - M_t^d \qquad (10.14)$$

$$P_{t+1} C_{2,t+1} = P_{t+1} x F_t + M_t^d \qquad (10.15)$$

其中,M_t^d 是名义的货币需求,F_t 是存储的数量。

个人要作出两项决策,一是将他的禀赋的多少用于储蓄,多少用于消费;接着他必须决定通过何种方式储蓄:存储还是持有货币。由于对数效用函数,可以分离两项决策,因为储蓄的回报率不影响存储的比例。当有一半的禀

赋用于储蓄,即:

$$C_{1,t}=A/2 \qquad\qquad (10.16)$$

处理存储的禀赋的方式依赖于储蓄的回报率 x 和货币的总回报率 P_t/P_{t+1}。一个人可以在 t 期卖掉 1 单位的禀赋得到 P_t 的货币,在 $t+1$ 期再花费 P_{t+1} 的代价来购买禀赋。

情况 1:$x > P_t/P_{t+1}$

他将消费一半的禀赋,存储剩余的一半而不持有任何货币,因为货币的回报率低于储蓄的回报率。因此有:

$$C_{1,t}=A/2 \quad F_t=A/2 \quad M_t^{\mathrm{d}}/P_t=0 \quad C_{2,t+1}=xA/2$$

情况 2:$x < P_t/P_{t+1}$

他将用货币持有一半的禀赋,即他将消费一半的禀赋而卖掉另一半的禀赋。因此有:

$$C_{1,t}=A/2 \quad F_t=0 \quad M_t^{\mathrm{d}}/P_t=A/2$$
$$C_{2,t+1}=[P_t/P_{t+1}][A/2]$$

情况 3:$x = P_t/P_{t+1}$

由于货币和存储带来同样的回报,因此他将消费一半的禀赋,对于另一半,则在货币和存储两者之间无差异。令 $a\in[0,1]$ 为以货币形式持有的比例。因此有:

$$C_{1,t}=A/2 \quad F_t=(1-a)A/2 \quad M_t^{\mathrm{d}}/P_t=aA/2$$
$$C_{2,t+1}=xA/2=[P_t/P_{t+1}][A/2]$$

(b) 均衡要求总的实际货币需求等于总的实际货币供给。

总的实际货币需求 $=L_t[A/2]$

总的实际货币供给 $=[L_0/(1+n)]M/P_t$
$$=[L_t/(1+n)^{t+1}]M/P_t$$

在上式中,在 0 时刻,每个老人拥有 M 单位货币,共有 $[L_0/(1+n)]$ 个老人。最后一步用了 $L_t=(1+n)^t L_0$,从而

有 $L_0 = L_t/(1+n)^t$。

联立总的实际货币需求和总的实际货币供给两个方程，可得：

$$L_t[A/2] = [L_t/(1+n)^{t+1}] M/P_t,$$

$$得 P_t = 2M/[A(1+n)^{t+1}] \qquad (10.17)$$

因此有：

总的实际货币需求＝ $L_{t+1}[A/2] = (1+n)L_t[A/2]$

总的实际货币供给＝ $[L_t/(1+n)^{t+1}] M/P_{t+1}$

下面使用均衡条件求 P_{t+1}，即：

$$(1+n)L_t[A/2] = [L_t/(1+n)^{t+1}] M/P_{t+1}$$

$$P_{t+1} = 2M/[A(1+n)^{t+2}] \qquad (10.18)$$

用式(10.18)除以式(10.17)，有：

$$P_{t+1}/P_t = 1/(1+n)$$

$$P_{t+1} = P_t/(1+n)$$

上面的分析对于任何的 $t \geqslant 0$ 都成立，因此 $P_{t+1} = P_t/(1+n)$ 是一个均衡。这表明如果货币被引入到一个动态无效率的经济中，个人将不会选择存储。

(c) 由于 $P_t/P_{t+1} = x$，所以货币的回报等于存储的回报。此时个人对于以何种形式持有禀赋是无差异的。令 $a \in [0,1]$ 为储蓄中以货币形式持有的比例。

t 期的总的实际货币需求和总的实际货币供给的表达式如下：

总的实际货币需求＝ $L_t a_t[A/2]$

总的实际货币供给＝ $[L_0/(1+n)]M/P_t$

$$= [L_t/(1+n)^{t+1}]M/P_t$$

使用均衡条件求 P_t：

$$L_t a_t [A/2] = [L_t / (1+n)^{t+1}] M/P_t \Rightarrow$$

$$P_t = 2M/[a_t A (1+n)^{t+1}] \qquad (10.19)$$

$t+1$ 期的总的实际货币需求和总的实际货币供给的表达式如下：

$$总的实际货币需求 = L_{t+1} a_{t+1} [A/2]$$
$$= (1+n) L_t a_{t+1} [A/2]$$

$$总的实际货币供给 = [L_t / (1+n)^{t+1}] M/P_{t+1}$$

使用均衡条件求 P_{t+1}：

$$(1+n) L_t a_{t+1} [A/2] = [L_t / (1+n)^{t+1}] M/P_{t+1} \Rightarrow$$
$$P_{t+1} = 2M/[a_{t+1} A (1+n)^{t+2}] \qquad (10.20)$$

用式(8)除以式(7)，可得：

$$P_{t+1}/P_t = [a_t/a_{t+1}][1/(1+n)]$$

因为 $P_{t+1}/P_t = 1/x$

将上面两式联立，可得：

$$[a_t/a_{t+1}][1/(1+n)] = 1/x \Rightarrow$$
$$[a_{t+1}/a_t] = [x/(1+n)] < 1$$

因此，对于所有的 $t \geqslant 0$，$P_{t+1} = P_t/x$ 将是任何满足 $[a_{t+1}/a_t] = [x/(1+n)]$ 的 a 的路径的一个均衡。

(d) $P_t = \infty$ 代表货币是无价值的，也是一种均衡。这种情况是因为年轻人相信货币在下一期是无价值的，因此这一代人将不会接受货币作为储存的替代物。在这种情况下，年轻人消费禀赋的一半然后储存另一半，而老年人则拥有一堆无价值的货币。这时，总的实际货币需求与总的实际货币供给相等且都是 0。如果没有人相信下一代人将接受货币作为存储的替代物，这种均衡将持续到未来各期。

在 T 期，这种情况将是唯一的均衡。在 T 期没有年轻人愿意出卖禀赋以换取货币。年轻人将通过消费所有储存来最大化一生的效用,老年人将拥有一堆毫无价值的货币。因此,在 $T-1$ 期,老年人因为知道下一期货币毫无价值,没有人愿意出卖禀赋以换取货币。$T-1$ 期将没有人愿意持有货币,逆向归纳,将没有人愿意在任何一期出卖禀赋来换取货币。

4. 解:

(a) 关于产出和知识的生产函数为:

$$Y(t) = A(t)(1-a_L)L(t) \tag{10.21}$$

$$\dot{A}(t) = Ba_L{}^{\gamma}L\ (t)^{\gamma}A\ (t)^{\theta} \quad (\theta < 1) \tag{10.22}$$

在均衡增长路径上有:

$$\dot{A}(t)/A(t) = g_A{}^* = \gamma n/(1-\theta) \tag{10.23}$$

对式(10.22)两边除以 $A(t)$,即:

$$\dot{A}(t)/A(t) = Ba_L{}^{\gamma}L\ (t)^{\gamma}A\ (t)^{(\theta-1)} \tag{10.24}$$

将式(10.23)、(10.24)联立得:

$$Ba_L{}^{\gamma}L\ (t)^{\gamma}A\ (t)^{(\theta-1)} = \gamma n/(1-\theta) \Rightarrow$$
$$A\ (t)^{(\theta-1)} = \gamma n/[(1-\theta)Ba_L{}^{\gamma}L\ (t)^{\gamma}]$$

上式化简为:

$$A(t) = [(1-\theta)Ba_L{}^{\gamma}L\ (t)^{\gamma}/\gamma n]^{\frac{1}{1-\theta}} \tag{10.25}$$

(b) 将式(10.25)代入式(10.21)得:

$$Y(t) = [(1-\theta)Ba_L{}^{\gamma}L\ (t)^{\gamma}/\gamma n]^{\frac{1}{1-\theta}}(1-a_L)L(t)$$
$$= [(1-\theta)B/\gamma n]^{\frac{1}{1-\theta}}a_L{}^{\frac{\gamma}{1-\theta}}(1-a_L)L\ (t)^{\frac{\gamma}{1-\theta}+1}$$

两边取对数,可得:

$$\ln Y(t) = [1/(1-\theta)]\ln[(1-\theta)B/\gamma m] + [\gamma/(1-\theta)]\ln a_L + \ln(1-a_L) + [(\gamma/(1-\theta)) + 1]\ln L(t)$$

一阶条件为：

$$\frac{\partial \ln Y(t)}{\partial a_L} = \frac{\gamma}{(1-\theta)}\frac{1}{a_L} - \frac{1}{1-a_L} = 0$$

经过简单的数学运算求 $a_L{}^*$：

$$a_L{}^* = \frac{\gamma}{(1-\theta) + \gamma} \qquad (10.26)$$

θ 值越大，新知识在生产函数中的作用越大。γ 值越大，劳动在生产函数中的作用越大，越需要雇用更多的劳动。

5. 证明：

将产出函数 $Y_i(t) = K_i(t)^\theta$ 代入资本积累方程 $\dot{K}_i(t) = s_i Y_i(t)$ 得：

$$\dot{K}_i(t) = s_i K_i(t)^\theta，\theta > 1 \qquad (10.27)$$

在式(10.27)两边同时除以 $K_i(t)$ 以求出资本增长率的方程，即：

$$g_{K,i}(t) \equiv \dot{K}_i(t)/K_i(t) = s_i K_i(t)^{\theta-1} \qquad (10.28)$$

对式(10.28)求导数，求出资本增长率的增长率，即：

$$\dot{g}_{K,i}(t)/g_{K,i}(t) = (\theta-1)g_{K,i}(t) \qquad (10.29)$$

式(10.29)简化为：

$$\dot{g}_{K,i}(t) = (\theta-1)g_{K,i}(t)^2 \qquad (10.30)$$

由于 $\theta > 1$，所以 $g_{K,i}$ 总是保持增长。$g_{K,i}$ 的初始值是由储蓄率和资本存量决定的，如式(10.28)所示。因此，即使两个经

济中 K 的初始值相同,只要 $s_1 > s_2$,则两个经济的初始资本存量的增长率 $g_{K,i}(0)$ 便不同。由此可知,$g_{K,i}$ 的增长率是由 s_i 决定的。因此,高储蓄经济的资本存量的增长率总是高于低储蓄经济的资本存量的增长率。因此,有 $g_{K,1}(t) > g_{K,2}(t)$,对于所有的 $t>0$,并且两个经济的差距会越来越大。

将高储蓄经济的产出与低储蓄经济的产出相比,即:

$$Y_1(t)/Y_2(t) = \left[K_1(t)/K_2(t) \right]^{\theta} \qquad (10.31)$$

对式(10.31)两边取对数,然后求导,得:

$$\frac{\left[\dot{Y_1(t)/Y_2(t)} \right]}{\left[Y_1(t)/Y_2(t) \right]} = \theta \left[\frac{\dot{K}_1(t)}{K_1(t)} - \frac{\dot{K}_2(t)}{K_2(t)} \right]$$

$$= \theta \left[g_{K,1}(t) - g_{K,2}(t) \right] > 0 \qquad (10.32)$$

由式(10.32)可以发现,高储蓄经济的资本存量的增长率总是高于低储蓄经济的资本存量的增长率,且由于对于所有 $t>0$,都有 $g_{K,1}(t) > g_{K,2}(t)$ 成立,并且两个经济的差距会越来越大,高储蓄经济的产出与低储蓄经济的产出相比将持续上升,并且以递增的速率上升。

6. 解:

(a) 对厂商的产出函数 $Y_i = K_i{}^a L_i{}^{1-a}(K^f L^{-f})$ 关于 K_i 求偏导数,可得:

$$r = \frac{\partial Y_i}{\partial K_i} = a K_i{}^{a-1} L_i{}^{1-a}(K^f L^{-f}) = a \left(\frac{K_i}{L_i} \right)^{a-1} \left(\frac{K}{L} \right)^f$$

$$(10.33)$$

在均衡时,资本—劳动比在各厂商之间是相等的。因此 $K_i/L_i = K/L$,将它代入式(10.33)中,得到资本的私人边际产品,即:

$$r = a \left(\frac{K}{L} \right)^{-(1-a-f)} \qquad (10.34)$$

（b）K_i/L_i 在各厂商之间是相等的并且生产函数具有不变的回报率，因此总生产函数为 $Y = K^a L^{1-a}(K^f L^{-f})$，进一步简化为：

$$Y = K^{(a+f)} L^{(1-a-f)} \qquad (10.35)$$

令 $k \equiv \dfrac{K}{L}$ 和 $y \equiv \dfrac{Y}{L}$，并在式（10.35）两边同时除以 L，得：

$$\frac{Y}{L} = \left(\frac{K}{L}\right)^{a+f}$$

则单位劳动的产出量为：

$$y = k^{a+f} \qquad (10.36)$$

在 $k \equiv \dfrac{K}{L}$ 两边取导数，即：

$$\dot{k} = \frac{\dot{K}L - K\dot{L}}{L^2} = \frac{\dot{K}}{L} - \left(\frac{K}{L}\right)\frac{\dot{L}}{L} \qquad (10.37)$$

将资本积累方程 $\dot{K} = sY$、劳动增长率 n 即 $\dot{L}/L = n$ 代入式（10.37）中得：

$$\dot{k} = sY/L - nk = sy - nk \qquad (10.38)$$

将式（10.36），即每单位劳动产量代入式（10.38）可得：

$$\dot{k} = sk^{a+f} - nk \qquad (10.39)$$

经济将收敛于如下情况：每人实际投资 sk^{a+f} 等于持平投资 nk，即在均衡增长路径上，每人持有的资本是不变的，即 $\dot{k} = 0$，因此可由式（10.39）推导出：

$$sk^{a+f} = nk \Rightarrow$$
$$k^{1-a-f} = s/n$$

简化为：

$$k^* = [s/n]^{1/(1-a-f)} \tag{10.40}$$

将式(10.40)代入式(10.34)得：

$$r = a[s/n]^{-(1-a-f)/(1-a-f)} = a(s/n)^{-1}$$

因此在均衡增长路径上，资本的边际产品为：

$$r^* = an/s$$

7. 解：

(a) 需要找到一个 τ 值使得北方每工人平均产出是南方的 10 倍，即：

$$[Y_N(t)/L_N]/[Y_S(t)/L_S] = 10$$

北方的生产函数为：

$$[Y_N(t)/L_N] = A_N(t)(1-a_L) \tag{10.41}$$

对式(10.41)两边取自然对数并求导，得到北方每工人产出的增长率：

$$\frac{[\dot{Y}_N(t)/L_N]}{[Y_N(t)/L_N]} = \frac{\dot{A}_N(t)}{A_N(t)} = 0.03 \tag{10.42}$$

上一步用到了北方每工人产出的增长率是北方的技术进步率，即每年 3%。因为 $\dfrac{\dot{A}_N(t)}{A_N(t)} = 0.03$，所以：

$$A_N(t) = e^{0.03\tau}A_N(t-\tau) \tag{10.43}$$

由南方的生产函数得到：

$$Y_S(t)/L_S = A_S(t) \tag{10.44}$$

用式(10.44)去除式(10.41)得到北方每工人产出对南方每工人产出的比率：

$$\frac{[Y_N(t)/L_N]}{[Y_S(t)/L_S]} = \frac{A_N(t)(1-a_L)}{A_S(t)} \approx \frac{A_N(t)}{A_N(t-\tau)} = e^{0.03\tau}$$

(10.45)

上一步用到了 $a_L \approx 0$，$A_S(t) = A_N(t-\tau)$ 和式 (10.43)。

由于北方每工人产出对南方每工人产出的比率为 10，则有：

$$e^{0.03\tau} = 10$$

$$0.03\tau = \ln 10$$

即 $\tau = 76.8$ 年。因此将相对的跨国人均收入差距归于缓慢的知识扩散所要求的转换率非常低。为了解释 10 倍的收入差距，穷国需要使用富国 20 世纪 20 年代的技术。

(b)(1) 在北方，$k_N{}^*$ 由均衡增长路径上的实际投资等于持平投资所决定，即：

$$sf(k_N{}^*) = (n+g+\delta)k_N{}^*$$

(10.46)

其中，$g = \dot{A}_N(t)/A_N(t)$。

由于 s, n, δ 和函数 $f(\cdot)$ 在南方和北方是相同的。所以唯一的可能的收入差距的来源是南方知识的增长率，并且 $\dfrac{\dot{A}_N(t)}{A_N(t)} = g$。

南方在时间 t 所用的技术是北方在 $t-\tau$ 年前所用的技术，即：

$$A_S(t) = A_N(t-\tau)$$

(10.47)

对两边求时间的导数，可得：

$$\dot{A}_S(t) = \dot{A}_N(t-\tau)$$

(10.48)

用式(10.47)除以式(10.48)得：

$$\frac{\dot{A}_S(t)}{A_S(t)} = \frac{\dot{A}_N(t-\tau)}{A_N(t-\tau)} \qquad (10.49)$$

北方的知识增长率是常数且保持不变,因此有:

$$\frac{\dot{A}_S(t)}{A_S(t)} = g \qquad (10.50)$$

因此,对南方来讲,$k_S{}^*$ 由下式决定:

$$sf(k_S{}^*) = (n+g+\delta)k_S{}^* \qquad (10.51)$$

由于 $k_S{}^*$ 和 $k_N{}^*$ 是被同一个方程定义的,因此它们是相同的。

(2) 引入资本不会改变(a)题的答案。因为 $kN^* = kS^*$,因此在均衡增长路径上每单位有效劳动的产出在南方和北方是相同的,即 $y_N{}^* = y_S{}^*$,而 $y_i{}^* = (Y_i/A_iL_i)^*$。在均衡增长路径上北方每工人产出为:

$$Y_N(t)/L_N(t) \equiv A_N(t)y_N{}^* \qquad (10.52)$$

在均衡增长路径上南方每工人产出为:

$$Y_S(t)/L_S(t) \equiv A_S(t)y_S{}^* \qquad (10.53)$$

用式(10.52)除以式(10.53)得:

$$\frac{[Y_N(t)/L_N(t)]}{[Y_S(t)/L_S(t)]} = \frac{A_N(t)y_N{}^*}{A_S(t)y_S{}^*} = \frac{A_N(t)}{A_S(t)} = \frac{A_N(t)}{A_N(t-\tau)}$$

$$(10.54)$$

第二步到最后一步用了 $y_N{}^* = y_S{}^*$,$A_S(t) = A_N(t-\tau)$。由式(10.43)可以得到:

$$\frac{[Y_N(t)/L_N(t)]}{[Y_S(t)/L_S(t)]} = \frac{A_N(t)}{A_N(t-\tau)} = e^{0.03\tau}$$

用与(a)题同样的计算可以得到:$\tau = 76.8$ 年,使得

$$\frac{\left[Y_N(t)/L_N(t)\right]}{\left[Y_S(t)/L_S(t)\right]}=10。$$

8. 解:

(a) 本题用到的方程为:

$$Y(t) = K(t)^\alpha \left[(1-\alpha_H)H(t)\right]^\beta \qquad (10.55)$$

$$\dot{H}(t) = \beta\alpha_H H(t) \qquad (10.56)$$

$$\dot{K}(t) = sY(t) \qquad (10.57)$$

其中,$0<\alpha<1, 0<\beta<1, \alpha+\beta>1$

整理式(10.56)可得:

$$g_H \equiv \dot{H}(t)/H(t) = \beta\alpha_H \qquad (10.58)$$

(b) 将产品生产函数代入物质资本的积累方程(10.57)中,可得:

$$\dot{K}(t) = sK(t)^\alpha \left[(1-\alpha_H)H(t)\right]^\beta \qquad (10.59)$$

在式(10.59)两边除以 $K(t)$,得:

$$g_K(t) = \dot{K}(t)/K(t) = sK(t)^{\alpha-1}\left[(1-\alpha_H)H(t)\right]^\beta$$
$$(10.60)$$

需要检验物质资本增长率的动态学。对式(10.60)求导数,可得:

$$\dot{g}_K(t)/g_K(t) = (\alpha-1)\dot{K}(t)/K(t) + \beta\dot{H}(t)/H(t)$$
$$= (\alpha-1)g_K(t) + \beta g_H \qquad (10.61)$$

下面写出物质资本变化率的增长率 $\dot{g}_K(t)$ 作为物质资本变化率本身 $g_K(t)$ 的函数。在式(10.61)两边同时乘以 $g_K(t)$,可得:

$$\dot{g}_K(t) = (\alpha-1)g_K(t)^2 + \beta g_H g_K(t) \qquad (10.62)$$

假定 $\alpha < 1$，意味着物质资本的规模报酬递减。由式 (10.62)决定的相图如下图所示。

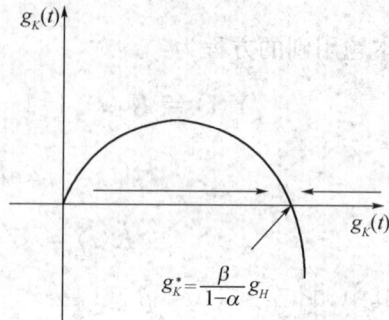

当 $\dot{g}_K(t) = 0$ 或 $(\alpha - 1)g_K(t) + \beta g_H = 0$ ，$g_K(t)$ 是常数，解出 $g_K(t)$ 为：$g_K{}^* = [\beta/(1-\alpha)]g_H$ 。

由于 $\alpha + \beta > 1$ 或者 $\beta > 1 - \alpha$ ，在 $g_K{}^*$ 的左边，$\dot{g_K}(t) > 0$ ，因此 $g_K(t)$ 上移到 $g_K{}^*$ 。同理，在 $g_K{}^*$ 的右边，$\dot{g_K}(t) < 0$ ，因此 $g_K(t)$ 下降到 $g_K{}^*$ 。因此，在均衡增长路径上，资本的增长率收敛到 $g_K{}^*$ 。

在式(10.55)两边取对数再求导，可得：

$$\frac{\dot{Y}(t)}{Y(t)} = \alpha \frac{\dot{K}(t)}{K(t)} + \beta \frac{\dot{H}(t)}{H(t)} = \alpha g_K(t) + \beta g_H$$

$$(10.63)$$

在均衡增长路径上，有 $g_K(t) = g_K{}^* = [\beta/(1-\alpha)]g_H$ ，因此：

$$\frac{\dot{Y}(t)}{Y(t)} = \frac{\alpha\beta}{(1-\alpha)}g_H + \beta g_H = \frac{\alpha\beta + \beta - \alpha\beta}{(1-\alpha)}g_H$$
$$= [b/(1-\alpha)]g_H \equiv g_K{}^*$$

在均衡增长路径上，产出和物质资本的增长率相同，大于不变的人力资本增长率 $g_H = \beta\alpha_H$ 。

论述题

答:

格罗斯曼和赫尔普曼(Grossman and Helpman)考察了一种产品品种增加型技术进步:消费品品种的增加。格罗斯曼和赫尔普曼的消费品品种增加型内生增长模型也是一个两部门模型:经济中存在研究部门和消费品部门。研究部门研制关于新型消费品的设计,消费品部门购买研究部门的新设计并据此生产实际消费品,两个部门具有不同的生产技术。格罗斯曼和赫尔普曼还假定两个部门都是垄断竞争部门,新设计生产者和每种消费品生产者都对他们的产品实行垄断定价。

假定经济中存在 N 种消费品。由于不存在中间产品,格罗斯曼和赫尔普曼能够直接应用 $D-S$ 效用函数表示消费指数。代表性家庭的消费指数 c 可以用公式表示为:

$$c = \left(\sum_{j}^{N} = 1 x_j{}^a \right)^{\frac{1}{a}}, 0 < a < 1$$

在格罗斯曼和赫尔普曼的模型中,他们始终假设代表性家庭的瞬时效用函数采用不变替代弹性效用函数中的一种特殊形式:替代弹性 $\sigma = 1$。这样代表性家庭的跨时效用函数可以表示为:

$$u = \int_0^\infty e^{-\rho t} \log c(t) \mathrm{d}t$$

考察经济中的生产方。假定研究厂商生产新设计所需的研究成本是固定的。如果研究的固定成本足够大,有些种类的潜在产品将不会被研制出来。假设每一种新设计或消费品都由一个厂商生产,并且已有消费品的生产技术都是相同且是规模收益不变的。生产新设计和消费品所需的唯一初始投入是劳动。这里不妨假定 1 单位劳动生产出 1 单位的消费品。

每种消费品的垄断定价均为 $P_j = P = w/a$。假设每一时期的总支出 $E = 1$。则根据消费品之间具有的对称性,每一厂商的垄断利润为 $\Pi = (1-a)/N$。

企业所有者的收益除了包括利润 Π 外,还包括由于股票溢价而产生的资本收益 $v(t)$。根据资产市场的非套利条件,股东的总收益应等于无风险贷款的收益 rv,其中 r 为利率,v 为资产价格。因此资产市场的均衡条件为:

$$\Pi + \dot{v} = rv \qquad (10.64)$$

研究厂商生产新设计需要固定成本 η,假定研究厂商的生产技术是劳动投入的线性函数,即投入 1 单位劳动,将产生 $1/\eta$ 单位的新设计。由于每一项设计的市场价值为 v,研究努力共创造了 $v(1/\eta)\mathrm{d}t$ 的企业价值。经济的静态均衡条件要求:

$$w\eta \geqslant v, \quad \text{当} \dot{N} > 0 \text{ 时等式成立} \qquad (10.65)$$

经济的静态均衡还要求劳动力市场出清。假设劳动力供给 L 保持不变。研究部门的劳动需求为 $(\eta \dot{N})$,消费品部门的劳动需求为 $1/p$,故劳动力市场的均衡条件为:

$$\eta \dot{N} + 1/p = L \qquad (10.66)$$

根据式(10.64)、式(10.65)、式(10.66)可以求出每一期的消费品种类 N 和资产价值 v,它们决定了经济的均衡发展路径。但是,由于每种消费品的利润与消费品种数呈负相关,即:$\Pi = \dfrac{1-a}{N}$,当消费品品种增加到一定数目时,每个厂商的利润率将降低到主观贴现率 ρ 的水平,这时产品品种将不再增加,经济增长将不可持续。

格罗斯曼和赫尔普曼认为,由静态均衡条件决定的经济系统之所以不能实现内生的持续增长,是因为以上的分析将知识看作是一种类似于物质资本的私人物品。因而当劳动供给固定不变时,研究厂商最终将缺乏激励生产新知识。但是,知识不同于一般的私人物品,知识具有非竞争性和部分排他性。格罗斯曼和赫尔普曼遵循罗默（1990）的思路，区分了知识的两方面用途：其一，研究产生关于新产品的设计，创新者对其设计拥有垄断权；其二，新设计增加了经济的一般知识水平 K_N，从而便利了以后的发明和创新。假设创新者不能获取这部分由知识存量增加所带来的收益，因此知识具有一种正的外部性。

在格罗斯曼和赫尔普曼模型中，创新使新品种消费品价格从无限大降低到一个有限值，使消费品价格指数不断降低。由于假定每期总支出 E 始终为 1，每期的名义产出将保持不变，而实际产出的测量值将不断增加。

阿吉翁和豪伊特（Aghion and Howitt，1992）则分析了技术进步对整个经济产生影响的情形。阿吉翁-豪伊特模型较好地体现了熊彼特的创造性破坏思想。在这一模型中，经济周期与经济增长是不可分的，二者都是创新的结果，反映了技术进步的不同侧面。

在阿吉翁-豪伊特模型中，经济的动态均衡可能表现为平衡增长路径，也可能表现为非增长陷阱。当经济处于平衡增长路径时，研究生产率提高并不必然导致经济增长率提高，因为创新具有破坏效应，将使其他研究产品遭淘汰的危险加大，从而削弱了整个社会的研究努力，因此可能导致经济增长率的降低。

经济的均衡增长率可能低于也可能高于社会最优增长率。在阿吉翁-豪伊特模型中，适宜性效应和跨时溢出效应的作用使均衡增长率低于最优增长率，商业偷窃效应和垄断扭曲效应则使均衡增长率高于最优增长率。经济均衡增长率是低于还是高于最优增长率要看这两股相反力量哪一方占优势。

格罗斯曼和赫尔普曼也研究了消费品质量升级推动经济增长模型。格罗斯曼和赫尔普曼将经济增长归因于产品质量的不断提高。假定经济中共有若干个部门，每个部门所生产产品的质量是一个变量，新产品优于旧产品，因为前者可以提供更多的生产性服务或效用。每一部门内存在质量差别的同一种产品构成一个质量阶梯。产品质量可以无限上升，产品质量的每一次升级都提供了比前一代产品更多的服务。

格罗斯曼和赫尔普曼在消费品质量升级推动经济增长模型中分析得出,由于均衡增长率可能高于也可能低于最优增长率,因此,为了使经济达到帕累托最优,政府必须根据市场激励的不同情形相机采取对策。若对研究开发的市场激励过大,政府的最优政策是向研究厂商征收适度的税收;若对研究开发的市场激励不足,则最优政策是向研究厂商提供适当补贴。

第十一章 开放背景下的宏观经济学

学习要点

1. 了解国际收支的概念,国际收支平衡表的项目内容。
2. 了解汇率的标价法,名义汇率和实际汇率的定义
3. 理解购买力平价价理论、利率平价理论。
4. 掌握汇率制度的概念和分类。
5. 掌握蒙代尔-弗莱明模型的内容,理解 $IS-LM-BP$ 模型的推导过程。
6. 理解三元悖论的含义。

名词解释

1. 国际收支
2. 国际收支平衡表
3. 经常项目
4. 资本和金融项目
5. 官方储备资产
6. 国际收支盈余
7. 名义汇率
8. 实际汇率
9. 固定汇率制度
10. 浮动汇率制度

11. 货币局制度
12. 三元悖论

不定项选择题

1. 如果现在的日元对美元的汇率(比如为 200 日元/美元)高于美联储的固定汇率(比如为 150 日元/美元),套利者可以通过_____获利 （ ）
   A. 在外汇市场上买入日元,然后卖给美联储
   B. 从美联储买日元,然后在外汇市场上卖出
   C. 在外汇市场上买入美元,然后卖给美联储
   D. 都不对

2. 在国际收支平衡表中,借方记录的是 （ ）
   A. 资产的增加和负债的增加
   B. 资产的增加和负债的减少
   C. 资产的减少和负债的增加
   D. 资产的减少和负债的减少

3. 在实行浮动汇率、资本完全流动的开放经济中,财政政策无效,因为 （ ）
   A. 货币政策会完全抵消财政政策
   B. 汇率将保持不变
   C. 净出口的下降将抵消政府购买或消费的增加量
   D. 汇率将与利率上升同样量

4. 在实行浮动汇率、资本完全流动的开放经济中,货币扩张将不会带来 （ ）
   A. 较低的利率
   B. 均衡收入水平增加
   C. 汇率下降
   D. 净出口上升

5. 贸易限制对浮动汇率下的经济中的收入没有影响,因为（ ）

A. 净出口增加但投资减少

B. 汇率上升抵消了净出口的增加

C. 进口的下降等于出口的增加

D. 以上都对

6. 投资收益属于 （ ）

A. 经常项目

B. 资本和金融项目

C. 错误与遗漏项目

D. 官方储备

7. 国际收支平衡表 （ ）

A. 是按复式簿记原理编制的

B. 每笔交易都有借方和贷方账户

C. 借方总额与贷方总额一定相等

D. 借方总额与贷方总额并不相等

8. 国际收支出现顺差会引起本国 （ ）

A. 本币贬值

B. 外汇储备增加

C. 国内经济萎缩

D. 国内通货膨胀

9. 在直接标价法下,如果一定单位的外国货币折成的本国货币数

额增加,则说明 （ ）

A. 外币币值上升,外币汇率上升

B. 外币币值下降,外汇汇率下降

C. 本币币值上升,外汇汇率上升

D. 本币币值下降,外汇汇率下降

10. 在间接标价法下,如果一定单位的外国货币折成的本国货币

数额增加,则说明 （ ）

A. 外币币值上升,本币币值下降,外汇汇率上升

B. 外币币值下降,本币币值上升,外汇汇率下降

  C. 本币币值下降,外币币值上升,外汇汇率下降

  D. 本币币值上升,外币币值下降,外汇汇率上升

11. 下列因素中,哪一个会引起美元贬值   (   )

  A. 外国人对美国出口品和资产需求增加

  B. 美国净进口大幅度缩减

  C. 美国利率上升

  D. 以上都不对

12. 下列哪一项正确描述了利率变化对汇率的影响 (   )

  A. 利率上升,本币升值

  B. 利率上升,本币贬值

  C. 须比较国外利率后而定

  D. 须比较本国与国外的利率和通货膨胀率后,才能确定

判断题

1. 在实行直接标价法条件下,汇率升高的国家的商品变得更便宜;在实行间接标价法条件下,汇率升高的国家的商品变得更昂贵。   (   )

2. 两种货币的名义汇率可以说明一种货币的购买力。 (   )

3. 本币贬值,会引起 IS 曲线向下移动。   (   )

4. 在实行间接标价法条件下,实际汇率升高后,净出口会相应减少,减少的幅度和速度主要取决于进出口商对相对价格变动的敏感程度或反应速度。   (   )

5. 凡是引起外国人对美国产品和资产需求减少的因素,就会引起美元需求曲线左移,美元贬值;凡是引起美国居民对外国产品和资产需求减少的因素,就会引起美元需求曲线右移,美元升值。   (   )

6. 汇率是本国货币与外国货币之间的价值对比,因而汇率的变动不会影响国内的物价水平。   (   )

7. 在开放经济下,IS 曲线的初始位置比封闭经济下的初始位置

发生了右移。　　　　　　　　　　　　　　　　　　　（　　）

8. 开放经济中,在固定汇率制度下,经常账户余额不能直接通过
汇率的变动自动调整为平衡。　　　　　　　　　　　　（　　）

简答题

1. 什么是外汇汇率? 其标价方法主要有哪几种?
2. 简述购买力平价理论的主要内容。
3. 简述利率平价理论的主要内容。
4. 简述汇率变动的影响因素。
5. 简述 BP 曲线的推导过程。

计算题

1. 美国汉堡 2 美元一个,日本同等品质的汉堡 1 100 日元一个,美
国、日本的实际汇率为 1 个美国汉堡∶0.2 个日本汉堡。试求:
(1) 两国的名义汇率是多少?
(2) 如果下一年美国的通货膨胀率为 10%,日本的通货膨胀率
达 20%,则下一年年底名义汇率会发生什么变化?

2. 设一国的经济由下述方程描述:
$$Y = C + I + G + CA$$
$$C = 80 + 0.63Y$$
$$I = 350 - 2\ 000i + 0.1Y$$
$$\frac{M}{P} = 0.162\ 5Y - 1\ 000i$$
$$CA = 500 - 0.1Y - 100 \times (eP/P^*)$$
$$eP/P^* = 0.75 + 5i$$
其中, $G = 750, M = 600, P^* = 1$ 。
(1) 推导总需求曲线的代数表达式(e 为间接标价法表示的
汇率)。
(2) 若本国价格水平 $P=1$,求均衡时的 Y, C, I, i, CA 的数值。

论述题

1. 运用 $IS-LM-BP$ 模型分析固定汇率制下,政府运用宏观经济政策的经济效应。
2. 运用 $IS-LM-BP$ 模型分析浮动汇率制下,政府运用宏观经济政策的经济效应。

分析题

1. 用 $M-F$ 模型预测由于下面的每一种冲击,总收入、汇率以及贸易余额会发生什么变动。
   (1) 消费者对未来信心减少引起消费者支出减少而储蓄增多。
   (2) 丰田公司引进新型生产线使一些消费者对外国汽车的偏爱大于国产汽车。
   (3) 引进自动取款机减少了货币需求。

2. 用 $M-F$ 模型回答下列有关美国加利福尼亚州(一个小型开放经济)的问题。
   (1) 如果加利福尼亚州受衰退之苦,州政府为了刺激就业应该用货币政策还是财政政策?并解释之(假设州政府可以发行美元钞票)。
   (2) 如果加利福尼亚州禁止从华盛顿州进口红酒,收入、汇率和贸易余额会发生什么变动?考虑短期与长期影响。

3. 在一个小的资本完全流动的开放经济国家中刚经历了一次飓风,该飓风使一些造船公司破产。这些公司是该国的主要出口商。假设该国处于充分就业。另外,该国的汇率可变。
   (1) 如果政府部门对此危机不采取任何措施,那么短期中出口量、贸易平衡以及汇率会产生什么变化?
   (2) 政府是否应该干涉经济?如果应该,你赞成什么样的政策?
   (3) 如果该国的汇率是不变的,重新回答前两题。

参考答案

名词解释

1. 是一国居民和外国居民在一定时期内的各项经济交易的货币价值总和。一国的国际收支总量和结构既反映了一国对外经济交往的情况，也反映了一国在国际经济中的地位。

2. 是以统计报表的形式，系统总结特定时期内一国经济主体与他国经济主体之间的各项经济交易，包括货物，服务和收益，对世界其他地区的金融债权和债务的交易以及单项转移。它是对一国国际收支的详细纪录。按照国际货币基金组织《国际收支手册》(第五版)规定，国际收支平衡表的标准组成部分包括经常项目、资本和金融项目两大类。

3. 是对实际资源在国际间的流动进行记录的账户。它包括货物和服务、收入以及经常转移。

4. 是对资产所有权在国际间流动的行为进行记录的账户，它由资本项目和金融项目两个部分组成。其中，资本账户包括资本转移和非生产、非金融资产的收买和放弃；金融账户包括引起一个经济体对外资产和负债所有权变更的所有权交易。

5. 是指某一经济体货币当局认可的可以用来满足国际收支和在某些情况下满足其他目的的各类资产的交易。它包括货币化的黄金、IMF 的特别提款权、在 IMF 的储备头寸、外汇资产和其他债权。储备资产变动的情况反映的是官方部门的交易活动

6. 国际收支盈余＝官方外汇储备的增加＝经常项目盈余＋私人资本净流入。如果经常账户和资本账户都发生赤字，那么，总的国际收支就是赤字，官方储备减少；如果经常账户和资本账户都发生盈余，那么，总的国际收支就是盈余，官方储备增加。

如果两个账户一个盈余,一个赤字,且盈余和赤字的规模相等,官方储备规模不发生变化,则一国的国际收支就实现了平衡。

7. 是两个国家货币的相对价格,是货币与货币之间的交换比率。

8. 是两国产品的相对价格,是一国产品与另一国产品的交换比率。

9. 是指政府用行政或法律手段确定、公布、维持本国货币与某种参照物之间固定比价的汇率制度。充当参照物的可以是黄金,也可以是某一种外国货币或者一组货币所构成的货币篮子,或者是国际货币基金组织的特别提款权。

10. 是指汇率水平完全由外汇市场的供求关系决定,政府不加任何干预的汇率制度。

11. 是指在法律中明确规定本国货币与某一外国可兑换货币保持固定的交换比率。货币局制度通常要求货币发行有 100% 的外国货币作为基础。

12. 克鲁格曼基于 $M-F$ 模型将一国开放条件下的货币政策独立性、汇率稳定和资本自由流动三个目标之间的关系归纳为"三元悖论",也称"克鲁格曼不可能三角"。他认为开放的小型经济体不能同时实现资本完全流动、汇率稳定和货币政策独立性三大目标。如果一国同时选择了资本完全流动和固定汇率制度以及稳定汇率,那么该国将丧失货币政策的独立性。如果要保持一国货币政策的独立性,该国就必须要么放弃固定汇率制度而选择浮动汇率制度,要么对国际资本流动进行管制。因此,在经济从封闭走向开放时,政府必须在各个不同的目标之间进行重新的权衡和选择。

不定项选择题

1. A 2. B 3. C 4. A 5. B 6. A 7. ABC 8. BD
9. A 10. C 11. B 12. D

判断题

1. T 2. F 3. F 4. T 5. T 6. F 7. T 8. T

简答题

1. 答：

　　外汇汇率又称外汇牌价（或外汇汇价、外汇行市），是两国货币之间的汇兑比率。简单地说，它是两国货币之间的相对比价，是一国货币用另一国货币表示的价格。其标价方法主要有：

(1) 直接标价法，也称价格标价法，是指用 1 单位的外国货币作为标准，折算为一定数额的本国货币来表示的汇率。

(2) 间接标价法，又称数量标价法，是指以外国货币表示本国货币的价格，就是说，用 1 单位的本国货币作为标准，折算为一定数量的外国货币来表示的汇率。

　　直接标价法下，汇率下跌表示本国货币升值，也就是 1 单位外国货币只能换取更少的本国货币；汇率上升则表示本国货币贬值，也就是 1 单位外国货币能够换取更多的本国货币。而在间接标价法下，汇率的下跌表示本国货币贬值；汇率上升则表示本国货币升值。

2. 答：

　　瑞典经济学家卡塞尔在 1922 年出版的《1914 年以后的货币和外汇》一书中，以较成熟的形式提出了汇率如何决定的购买力平价论，这一理论被称为购买力平价说（theory of purchasing power parity，简称 PPP 理论）。

　　购买力平价理论认为，人们对外国货币的需求是由于用它可以购买外国的商品和劳务，外国人需要其本国货币也是因为用它可以购买其国内的商品和劳务。因此，本国货币与外国货币相交换，就等于本国与外国购买力的交换。所以，两国货币的购买力之比是决定汇率的基础，汇率的变动是由两国货币购买力之比变化引起的。从表现形式上来看，购买力平价说有两种定义，即绝对购买力平价（absolute PPP）和相对购买力平价（relative PPP）。

　　绝对购买力平价是指两国货币的汇率水平将根据两国通

货膨胀率的差异而进行相应地调整。它表明两国间的相对通货膨胀决定两种货币间的均衡汇率。即 $e = \dfrac{P}{P^*}$。

相对购买力平价认为汇率变动的主要因素是不同国家之间货币购买力或物价的相对变化。同汇率处于均衡的时期相比，当两国购买力比率发生变化，则两国货币之间的汇率就必须调整。即 $\dfrac{E_t(e_{t+1}) - e_t}{e_t} = \dfrac{E_t(P_{t+1}) - P_t}{P_t} - \dfrac{E_t(P_{t+1}{}^*) - P_t{}^*}{P_t{}^*}$。

3. 答：

利率平价理论又称远期汇率理论，是由英国经济学家凯恩斯于 1923 年在其《货币改革论》一书中首先提出，后经西方一些经济学家发展而成。

利率平价理论认为，由于各国间的利率存在着差异，投资者为获取较高的收益，就将其资本从利率低的国家和地区，转移到利率高的国家和地区。其获利目的能否达到，关键是两地货币汇率是否变动。如果汇率变动对其不利，有时不仅不能赚钱，还会遭到损失。为避免此种情况，投资者会在外汇期货市场，按远期汇率将其投资于利率高的国家的货币收益，兑换为利率低的国家的货币，并将此收益同投资于利率低的国家的收益进行对比。对比的结果，便是投资者选定投资方向的依据。两国投资收益差驱使资本在国际间流动，直到通过利率调整，两国投资收益相等，国际间的资本流动才会停止。

4. 答：

除了物价水平和利率对汇率的影响之外，一国的汇率水平还受到诸如经常项目差额、相对通货膨胀率变动、经济增长率差异、相对利率变动和投资者心理预期等因素影响而频繁地变动。

当一国出现经常项目顺差时，该国外汇市场上外汇供大于求，本币有升值压力；相反，当一国出现经常项目逆差时，本币有贬值压力。当本国的通货膨胀率高于外国时，本国货币的相对购买力下降,本币倾向于贬值;相反,当本国的通货膨胀率低于外国时,本币倾向于升值。本国和外国的经济增长率差异也会影响汇率的变动。当一国的经济增长率较高时,居民可支配收入的增加会促进进口的增加,使得经常项目恶化。但是,高经济增长也带来该国生产率的提高、本国产品国际竞争力的增强和投资者对该国经济前景的信心。因此一国的汇率水平取决于经常项目顺差或逆差、两国相对通胀率、两国相对增长率等力量的对比。相对利率的变动会引起资金在国际间的流动,从而对本币币值产生影响。除此之外,投资者的心理预期等因素也会对汇率产生重大的影响。例如,投资者对一国货币产生贬值的预期,那么这种预期会使得投资者立即在市场上大量抛售本币,促使其更迅速地贬值。

除了上述影响汇率变动的因素之外,一国所实行的汇率制度本身也会影响汇率水平的波动。并且,在不同的汇率制度下,上述影响汇率变动的因素起作用的途径和影响的大小也不同。经济周期在国际间的传递也会由于汇率制度的不同而有不同的传导渠道,影响的大小也存在很大的差异。

5. 答:

用 BP 表示国际收支余额,于是有:

$$BP = CA(e, Y, Y^*) + CF(i - i^*)$$

当国际收支平衡时,BP 为零,于是外汇市场平衡条件为:

$$BP = CA(e, Y, Y^*) + CF(i - i^*) = 0$$

该式反映的是国际收支平衡时一国汇率、利率与收入之间的关系,被称为 BP 曲线。在 BP 曲线上的点表示在既定汇率下,保持国际收支平衡的利率与收入的组合。这一曲线的形状由资金流动性的不同决定。

(1) 当资金完全不流动时,资本和金融账户为零,这一曲线意味着经常账户的平衡。对于某一汇率水平 e_0,存在着与之对应的能使经常账户平衡的收入水平 Y_0 ，BP 曲线在坐标空间内就是与这一收入水平垂直的直线。汇率贬值会使之右移。

(2) 当资金完全流动时，资金流动情况决定了国际收支平衡与否。由于假定风险中立以及对汇率的静态预期，因此当该小国利率水平完全与世界利率水平一致时，该国国际收支处于平衡状态，资金的流动将弥补任何形式的经常账户收支不平衡。此时，BP 曲线是一条水平线，汇率的贬值对之无影响。

(3) 当资金不可完全流动时，资本与金融账户与经常账户对国际收支都有影响。此时 BP 曲线是一条斜率为正的曲线，这是因为对于既定的汇率水平，收入增加引起的经常账户逆差需要提高利率以吸引资金流入进行弥补。资金流动性越大，这一曲线就越平缓，因为比较小的利率增加就能吸引更多的资金流入。汇率的贬值同样使之右移。

计算题

1. 解：

(1) 由实际汇率 $\varepsilon = \dfrac{eP^*}{P}$ ，推出 $e = \dfrac{\varepsilon P}{P^*}$ 。两国的名义汇率是 $0.2 \times 1\,100 \div 2 = 110$ 日元/美元。

(2) 下一年美国汉堡的价格为 $2 \times (1 + 10\%) = 2.2$ 美元，日本的汉堡价格为 $1\,100 \times (1 + 20\%) = 1\,320$ 日元，根据 $e = \dfrac{\varepsilon P}{P^*}$ ，则名义汇率变为 $0.2 \times 1\,320 \div 2.2 = 120$ 日元/美元。名义汇率上升，美元升值，日元贬值。

2. 解：

(1) 由产品市场的均衡得到：$Y = C + I + G + CA = 80 + 0.63Y + 350 - 2\,000i + 0.1Y + 750 + 500 - 0.1Y - 100 \times (0.75 + 5i)$ ，整理得：

$$0.37Y = 1\,605 - 2\,500i$$

由货币市场的均衡得：

$$\frac{600}{P} = 0.162\,5Y - 1\,000i$$

联立以上两方程,得总需求曲线的方程为：

$$Y = 2\,067.64 - 1\,932.37/P \text{。}$$

(2) 若 $P = 1$,则：$Y = 4\,000, C = 2\,600, I = 650, i = 0.05$, $CA = 0$。

论述题

1. 答：

在固定汇率制下。

(1) 货币政策分析。如图 a 所示。扩张性的货币政策将会引起利率的下降,但在资金完全流动的情况下,本国利率的微小的、不引人注意的下降都会导致资金的迅速流出,这立即降低了外汇储备,抵消了扩张性货币政策的影响。也就是说,此时的货币政策甚至在短期也难以发挥效应,政府完全无法控制货币供给量。

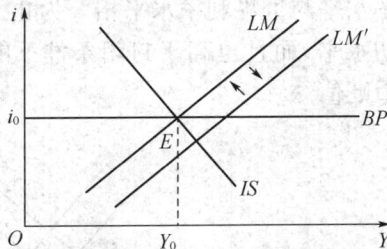

图 a　固定汇率制下,资金完全流动时的货币政策分析

(2) 财政政策分析。如图 b 所示。扩张性财政政策将会引起利率的上升,而利率的微小的上升,都会增加货币供给量,使 LM 曲线右移直至利率恢复期初水平。也就是说,在 IS

曲线右移过程中,始终伴随着 LM 曲线的右移,以维持利率水平不变。在财政扩张结束后,货币供给也相应地扩张了,经济同时处于长期平衡状态。此时,利率不变,收入不仅高于期初水平,而且较封闭条件下的财政扩张后的收入水平也增加了。

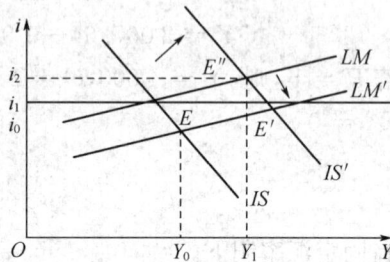

图 b　固定汇率制下,资金完全流动时的财政政策分析

2. 答:

在浮动汇率制下。

(1) 货币政策分析。如图 a 所示。货币扩张造成的本国利率下降,资金完全流动时,会立刻通过资金流出造成本币贬值,这推动着 IS 曲线右移,直至与 LM 曲线相交确定的利率水平与世界利率水平相等为止。此时,收入不仅高于期初水平,而且也高于封闭条件下的货币扩张后的情况,本币贬值。

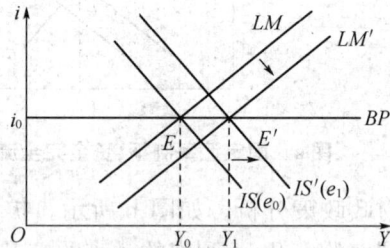

图 a　浮动汇率制下,资金完全流动时的货币政策分析

（2）财政政策分析。如图 b 所示。财政扩张造成的本国利率上升，会立刻通过资金的流入而造成本币升值，这将会推动 IS' 曲线左移，直至返回原有位置，利率水平重新与世界利率水平相等为止。此时与期初相比，利率不变，本币升值，收入不变。需要指出的是，此时收入的内部结构发生变化，财政政策通过本币升值对出口产生了完全挤出效应，即财政支出增加造成了等量的出口下降。

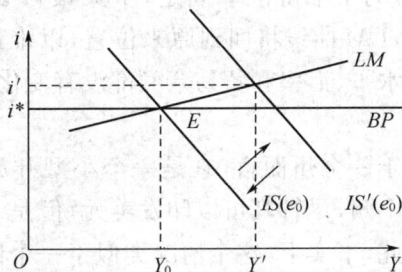

图 b 浮动汇率制下，资金完全流动时的财政政策分析

分析题

1. 答：

（1）如果储蓄增多：在浮动汇率下，IS 曲线向下移动，而 LM 曲线不改变，导致均衡汇率上升，贸易余额增加，总收入不变。而在固定汇率下，IS 曲线下移，为了维持汇率不变，LM 曲线向左移动，导致总收入下降，汇率不变，贸易余额不变。

（2）由题目意思，如果进口数量增加，导致任一汇率水平下，净出口下降，从而导致 IS 曲线向下移动。在浮动汇率下，LM 曲线不会改变，因此，利率有下降的趋势，从而均衡汇率上升。但是，如果我们考察 $CA = S - I$，会发现 S 和 I 都没有改变，则净出口也没有改变，均衡产出不变。在固定汇率下，LM 曲线左移以维持汇率水平不变，则均衡产出将减少,均衡汇率不变,但是,净出口下降。

（3）按题目意思,减少了对货币的需求,根据费雪方程式 $MV=PY$,在 M 和 P 不改变的情况下,货币流通速度 V 增大。该等式左右两边不相等,而为了实现相等,只有 Y 变大,因此,此时 LM 曲线将向右移动。因此,在浮动汇率下,均衡产出上升,均衡汇率水平上升,净出口增加。但是,在固定汇率下,如果 LM 曲线右移,将给汇率造成一个上升的压力,为了维持汇率固定,中央银行必定买进本国货币,因此,LM 曲线将回到原来位置,以维持汇率不变。此时,产出水平、汇率和贸易余额都没有变化。

2. 答：

（1）对于一个州而言,它是一个小型开放经济,而且是美国的一个州,尽管其可以印发美元,但是它不能改变美元汇率。因此,事实上,这个情况类似于一个固定汇率、资金完全流动的小国开放经济。我们知道,在固定汇率下,货币政策无效,因此应该从财政政策着手。政府通过增加支出的扩张性财政政策,将会引起利率的上升,而利率的微小的上升,都会吸引货币流入,使 LM 曲线右移直至利率恢复期初水平。也就是说,在 IS 曲线右移过程中,始终伴随着 LM 曲线的右移,以维持利率水平不变。在财政扩张结束后,货币供给也相应地扩张了,经济同时处于长期平衡状态。此时,收入增加了,失业率也下降了。

（2）由于这个禁令是禁止从另一个州进口,因此,在短期内,进口数量减少,而出口不变,则 NX 变大,IS 曲线右移。这将给加利福尼亚州汇率带来下降压力,为了保持汇率不变,加利福尼亚州要发行货币,从而 LM 曲线右移。达到新的均衡点时,均衡收入上升,贸易余额变大。

3. 答：

（1）出口工业的萧条使出口减少,导致净出口的减少。这会使

IS 曲线内移,汇率会上升,进口量也会减少以适应由于飓
风造成的出口量减少。因此贸易平衡会保持不变。

（2）由于汇率浮动,政府无须进行干预。产出将维持在原来的
水平。

（3）固定汇率下,由于飓风影响,短期内出口量下降,而进口不
变,出现贸易逆差。由于 *IS* 曲线内移,产出下降,政府将
增加政府购买来弥补出口的下降,直到国内的造船业得到
恢复。

第十二章 中国经济转型的演进与展望

学习要点

1. 了解中国经济转型的主要阶段和阶段性特征。
2. 理解经济转型的基本模式,了解华盛顿共识和北京共识的基本内容。
3. 了解对中国经济转型三种解释观点。
4. 了解中国经济转型中面临的问题和挑战。

名词解释

1. 经济转型
2. 激进式改革
3. 渐进式改革
4. "华盛顿共识"
5. "后华盛顿共识"

简答题

1. 中国经济转型有几个主要阶段?
2. 对中国经济转型路径选择的理论解读主要有哪些?
3. 比较激进式与渐进式两种转型模式。
4. 试述科尔奈关于经济转型模式划分的基本观点。
5. 中国经济转型过程中面临的主要挑战有哪些?
6. 根据中国经济转型的现实背景,论述政府与市场间的关系。

参考答案

名词解释

1. 经济转型（economic transition）或经济转轨（economic transformation）是指一种经济运行状态转向另一种经济运行状态，是指一个国家或地区的经济结构和经济制度在一定时期内发生的根本变化。具体地讲，经济转型是经济体制的更新，是经济增长方式的转变，是经济结构的提升，是支柱产业的替换，是国民经济体制和结构发生的一个由量变到质变的过程。

2. 指与俄罗斯式的道路联系在一起的，有时也特指国际货币基金组织在俄罗斯推行的"休克疗法"激进式模式作为一项系统化的经济体制改革方案，主要包括稳定化、私有化、自由化和制度化四个部分，它试图通过紧缩性货币、放开价格、全面推进私有化，通过释放和消除经济系统中积累的爆炸性矛盾来恢复经济系统的健康，在短时间内实现计划经济向市场经济过渡。但是"休克疗法"在俄罗斯的实践带来的结果是：社会生产全面大幅度下降，物价迅速上涨，财政赤字急速上升，卢布不断贬值，人民生活水平急剧恶化。

3. 是一种相对缓慢的制度变迁过程，采取先易后难、先局部后整体的改革路径。它强调通过增量改革、试验推广等手段，在旧有计划经济的体制框架内谨慎地、逐步地进行制度创新，在保持传统体制相对稳定运行的条件下，逐步引入市场经济运行的一些机制，最终完成向新体制的全面过渡。

4. 指美国财政部、国际货币基金组织及世界银行之间所达成的共识。该共识是在 20 世纪 80 年代的南美洲经验的催化下形成的。1989 年威廉姆森在《华盛顿共识》中，系统分析了指导拉美经济改革的各项主张。1990 年，他又把"华盛顿共识"归结为:平衡预算,严格控制预算赤字;优化公共开支;优化国民收入的再分配;提倡资本市场自由化;建立可变动的,有竞争力的汇率体系;走贸易自由化之路;吸引外国投资;推进国有部门的私有化;政府放松管制;明晰产权并保护私有产权等十个方面。

5. 20世纪90年代后期,经济学家在对"华盛顿共识"反思之后,得出以下结论:转型中的稳定和有序是重要的;转型中竞争比私有化更重要;转型中的政府作用是不能忽视的;转型必须重视市场制度的培育等等。这样,他们在"华盛顿共识"的基础上增添了新的内容,这就构成了"后华盛顿共识"的主要内容:提高社会储蓄水平;建立公平的市场竞争环境;更合理地进行税率改革;加强政府对金融体系的监管;维持可浮动的竞争性税率;加强市场制度建设;维护政府的权威;重视教育、文化和环境;强调走可持续发展之路。

简答题

1. 答:

1978年以来,中国经济逐步开始了向市场经济体制的改革,根据市场化程度的发展状况,中国经济转型主要经历了以下几个阶段:

(1) 计划经济为主、市场调节为辅。1979年3月陈云指出:这个社会主义时期经济必须有两个部分:计划经济部分、市场调节部分。第一部分是基本的、主要的,第二部分是从属的、次要的,但又是必需的。在1982年9月党的十二大报告中这一思想得到了进一步的确认。

(2) 有计划的商品经济。1984年10月,在《中共中央关于经济体制改革的决定》中提出:改革计划体制,首先要突破把计划经济和商品经济对立起来的传统观点,明确认识社会主义计划经济必须自觉依据和利用价值规律,是在公有制基础上的有计划商品经济,经济体制改革的目标是建立具有中国特色的、充满生机和活力的社会主义经济体制。

1987 年10 月,中国共产党第十三次全国代表大会进一步提出"社会主义有计划商品经济的体制,应该是计划和市场内在统一的体制","新的经济运行机制,总体上来说是国家调节市场,市场引导企业"的机制,确立了市场机制的基础性作用,为下一步改革指明了方向。

(3) 建立社会主义市场经济。1992 年召开的中共十四大第一次在党的文件中明确提出,我国经济体制改革的目标是建立社会主义市场经济体制,要使市场在社会主义国家宏观调控下对资源配置起基础性作用。

2. 答:

经济学家对中国经济转型的理论解读主要有以下几种:

(1) 中国经济转型的组织结构解释。钱颖一等将中国转型的成功总结为传统体制的一种以区域原则为基础,多层次、多地区的"块块"结构,这样的组织结构为改革实验提供了更多的灵活性。各地可以根据自己的实际情况探索出适合本地发展的路子并进行各种创新实验,进而导致各级地方政府会相互竞争和相互模仿,从而使中国走上了自发的市场化之路。

(2) 中国经济转型的发展战略解释。林毅夫等认为经济转型的核心是经济发展战略的转轨。改革开放以来中国经济迅速发展的关键是改革了三位一体的传统经济体制,使中国的资源比较优势能发挥出来。他同时认为一个发展中国家能利用和发达国家的技术差距来加速经济发展的关键在于发展战略。同时改革成功的一个重要保证是采取了一条相对具有帕累托改进的渐进式改革道路。

(3) 中国经济转型的演进主义解释。麦克米伦和诺顿认为中央计划者不能解决必要的信息问题导致其缺乏效率。假使人类理性有限和人类具有干中学的本领,那么一切制度的生成都只能基于演进的理性主义,而非激进改革那样的建构理性。青木昌彦等人则认为,经济体制是一个复杂的进化系统,其内部具有自我强化的机制,不同制度之间存在着互补性,互补性越强,改革的成本越高。同时大规模经济改革的时候,即使总的方向已经确定,改革的结果和过程也会有很大的不确定性,因此,渐进式改革更为可取。

3. 答:

激进式改革是指与俄罗斯式的道路联系在一起的,有时也特指国际货币基金组织在俄罗斯推行的"休克疗法"激进式模式作为一项系统化的经济体制改革方案,主要包括稳定化、私有化、自由化和制度化四个部分,它试图通过紧缩性货币、放开价格、全面推进私有化,通过释放和消除经济系统中积累的爆炸性矛盾来恢复经济系统的健康,在短时间内实现计划经济向市场经济过渡。但是"休克疗法"在俄罗斯的实践带来的结果是:社会生产全面大幅度下降,物价迅速上涨,财政赤字急速上升,卢布不断贬值,人民生活水平急剧恶化。

渐进式改革是一种相对缓慢的制度变迁过程,采取先易后难、先局部后整体的改革路径。它强调通过增量改革、试验推广等手段,在旧有计划经济的体制框架内谨慎地、逐步地进行制度创新,在保持传统体制相对稳定运行的条件下,逐步引入市场经济运行的一些机制,最终完成向新体制的全面过渡。

4. 答:

匈牙利经济学家科尔奈认为,从所有制改革的角度可以把转型划分为两种战略:战略 A 被称为有机发展战略,其主要任务是创造有利条件使私人部门由下而上地成长;战略 B 被称为加速国有企业私有化战略,其主要任务是尽可能快速地消灭国有制。

科尔奈对转型国家的经验研究得出,促进私有部门有机发展的战略 A 是正确的选择。中国、匈牙利和波兰的实践是战略 A 的代表,在这一过程中私有部门蓬勃发展和预算约束的硬化使企业经历了在竞争中优胜劣汰的自然选择过程,打破了企业间的债务链条,强化了金融秩序,从而促进了社会生产力的提高。战略 B 相对而言是一种次优的选择,因为如果在具体执行过程中不得力,它很容易形成寡头垄断和特权统治相结合。俄罗斯是战略 B 失败最典型的例子,在私有化过程中,大量的国有资产被转移到经理人员和特权官僚手中,而市场秩序和金融体系却遭受到极大的破坏,从而给社会生产力发展造成了巨大损失。

5. 答:

　　中国经济转型过程中面临的主要挑战有:收入差距不断拉大;需求结构严重失衡;产业结构发展滞后;资源环境压力不断加大;金融发展相对滞后;政府间财政关系失衡等等。

6. 答:

　　经济转型过程是一个政府与市场的边界不断被界定的过程,也是一个政府与市场功能不断完善的过程。由于中国正式开始建立市场经济体制时间并不长,因而在政府与市场的边界关系处理上还面临着许多挑战。在宏观层面,我们可以从经济运行实际和宏观经济政策工具两个方面来理解政府在市场经济发展中的作用。

　　就宏观经济运行来看,政府不仅作用于经济总量,而且还在相当程度上直接作用于经济结构。对处于转型中的中国经济来说,市场失灵现象远比成熟市场严重,这为政府干预提供了很大空间。但由于转型背景下,对政府的规制同样也很不完善,政府失灵也较为普遍,很多时候,政府的介入不仅没有有效解决由于市场失灵而导致的资源配置与财富的扭曲,相反却进一步加重已有扭曲或形成新的扭曲。因此,在政府与市场边界划分上,应对政府行为加以规范,改善市场和政府两者的效率。

就宏观政策而言,在体制转轨时期,政府预算投资规模的大小,虽然已不能直接决定国民经济总量是否平衡,但政府预算投资对于国民经济结构的计划安排和调整,依然起着举足轻重的作用。所以在社会主义市场机制构建中必须要完善对各级政府的激励和约束机制,提高政府干预宏观经济的能力和成效。